STERN-
Witze

von Seite 13 und die schönsten
Playgirls der Woche

Zusammengestellt
von Erhard & Thomas Kortmann

Erhard Kortmann, geboren 1927 in Dortmund, studierte Theaterwissenschaft und Malerei. Seit 1953 Humorredakteur beim STERN.

Thomas Kortmann, geboren 1955 in Hamburg, studierte Jura und Ethnologie. Freier Fotograf und seit 1986 Humorredakteur beim STERN.

Die Elefanten zeichnete TETSCHE

Herausgeber:
Heiner Bremer, Michael Jürgs, Klaus Liedtke
Programmleitung:
Dr. Manfred Leier
Lektorat:
Horst Schönnenbeck
Graphische Gestaltung:
Peter Hinze
Verlagsleitung:
Peter Schlickenrieder
Produktion:
Bernd Bartmann, Druckzentrale G + J
Druck:
Elsnerdruck, Berlin

2. Auflage 1989
ISBN 3-570-03837-8

Inhaltsverzeichnis

Vorwort

Kürze ist des Witzes Seele

William Shakespeare, Hamlet

Kapitel 1

Szenen einer Ehe

„Ich verlasse das Haus!“ brüllt er.
„Keine leeren Versprechungen!“ brüllt sie zurück.

„Wo hatte ich nur meinen Kopf, als ich mich entschloß, dich zu heiraten!“
„An meiner Schulter, Liebling!“

Die Mutter gibt der Tochter vor der Hochzeit die letzten Ratschläge: „Und das Wichtigste“, meint sie, „zeige dich deinem Mann nie ganz nackt. Sonst verliert er das Interesse an dir!“
Nach einer Woche ruft der Ehemann seine Schwiegermutter an: „Sag mal, Mama, hat es in eurer Familie mal einen Fall von geistiger Umnachtung gegeben?“
„Soll das heißen, daß meine Tochter verrückt ist?“ fragt sie entrüstet
„Nicht direkt – aber ich frage mich doch, warum sie im Bett immer diesen lächerlichen Hut trägt . . .“

Der Pfarrer spricht zu seiner Gemeinde über die Schwächen des männlichen Geschlechts: „Wo ist der perfekte Mann?“ fragt er. „Wer einen kennt, der erhebe sich.“
Ein kleines Männchen steht auf und sagt, daß es einen perfekten Mann kenne.
„Wer ist das?“ fragt der Pfarrer.
„Der erste Mann meiner Frau!“

Der alte Lord kommt vorzeitig von einer Reise zurück und überrascht seine Frau mit ihrem Geliebten.
„Gnädige Frau“, sagt er streng, „Sie werden verstehen, daß es zwischen uns aus ist. Sie kehren sofort zu Ihrer Frau Mutter zurück, und ich werde Ihren Unterhalt festsetzen. Unsere gesellschaftliche Stellung gestattet es leider nicht, daß wir uns scheiden lassen, aber ich möchte nicht mehr gemeinsam mit Ihnen unter einem Dach leben. Sie werden also sofort abreisen . . . und Sie, mein Herr“, fährt er fort, „könnten wenigstens damit aufhören, während ich rede!“

„Im Anfang unserer Ehe war ich sehr glücklich! Immer, wenn ich nach Hause kam, bellte mein Hund, und meine Frau brachte mir die Pantoffeln. Jetzt, nach 30 Ehejahren, bringt der Hund mir die Pantoffeln – tja, und meine Frau . . .“

Als der Ehemann früher als sonst nach Hause kommt, findet er seine Frau völlig verstört und heftig atmend im Bett vor.
„Ursula – was ist los?“ fragt er.
„Ich glaube, ich habe einen Herzanfall“, keucht sie.
Er läuft die Treppe hinunter zum Telefon und wählt die Nummer des Arztes – da kommt sein kleiner Sohn weinend angerannt und schreit: „Vater, im Wandschrank ist ein nackter Mann!“
Als er den Schrank öffnet, kauert sein bester Freund darin. „Verdammt noch mal, Jürgen“, tobt der Ehemann, „meine Frau hat einen Herzanfall, und du treibst dich hier herum und erschreckst die Kinder!“

„Liebling, die Leute hier im Hotel glauben uns sicher nicht, daß wir verheiratet sind.“
„Meinst du? Dann trag doch die Koffer!“

„Ich sagte, dein Skatabend fällt flach!“

Die Ehefrau ist überzeugt, daß ihr Mann sie betrügt. Er schwört, er sei treu wie Gold. Zur Versöhnung trinken sie eine Flasche Champagner und auch noch eine zweite. Als er schläfrig wird, flüstert sie ihm ins Ohr: „Wie wär's, wenn wir jetzt ins Bett gehen würden?"
Im Halbschlaf murmelt er: „Ich möchte ja gern, Schätzchen, aber nachher macht mir meine Frau wieder so eine schreckliche Szene."

Eine junge Frau will sich scheiden lassen. Vom Richter nach dem Grund befragt, anwortet sie: „Seelische Grausamkeit."
„Und wie äußert sich die?"
„Mein Mann liest immer als erster die Kriminalromane, die ich mir von meinem Freund leihe, und auf die erste Seite schreibt er stets den Namen des Täters."

„Ich habe meinen Freund zum Abendessen eingeladen", sagt er zu ihr.
„Bist du wahnsinnig? Das Mädchen hat Ausgang, die Kinder haben Masern, und ich kämpfe gegen eine Grippe an. Und da lädst du den Mann zum Essen ein?"
„Eben drum. Er will heiraten, und ich möchte ihm zeigen, was ihn erwartet."

Als sich das Ehepaar wieder heftig streitet, brüllt der Mann sie an: „Als wir heirateten, hast du versprochen, daß du mir immer untertan sein willst."
„Was blieb mir anderes übrig? Sollte ich in der Kirche etwa eine Szene machen?"

Die eifersüchtige Ehefrau traut ihrem Mann nicht über den Weg. Das kleinste Haar auf seiner Jacke führt zu den schrecklichsten Szenen. Eines Abends, als sie partout nichts an ihm entdecken kann, bricht sie in Tränen aus: „Und nun gibst du dich auch noch mit kahlen Frauen ab!"

„Weißt du, was im Drogistenkalender steht?" ruft der Mann aus der Küche. „Da steht, daß Ehen, in denen Mann und Frau gleiche Rechte und Pflichten haben, stabiler sind als andere!"
„Red keinen Quatsch!" ruft die Frau aus dem Wohnzimmer zurück. „Spül weiter!"

Er liegt schon im Bett, während sie noch im Bad ist. Plötzlich hört er, wie sie laut zählt: „Zweiundzwanzig, dreiundzwanzig, vierundzwanzig . . .“ Nach einigen Minuten hört er: „Einhundertneunzig, einhunderteinundneunzig, einhundertzweiundneunzig . . .“
Beunruhigt erhebt er sich, geht leise zur Badezimmertür und horcht. „Neunhundertsiebenundneunzig, neunhundertachtundneunzig, neunhundertneunundneunzig . . .“ und dann ein Schrei: „Hilfe, Liebling, es ist ein Tausendfüßler!“

Der Ehemann kommt nach Hause und überrascht seine Frau in flagranti.
„Was macht ihr da?“ brüllt er.
„Siehst du“, sagt die Frau zu ihrem Liebhaber, „ich habe dir doch gesagt, daß er dumm ist!“

Niedergeschlagen sitzt der Ehemann nach der Scheidung in der Ecke und sagt zu seiner Exgattin: „Ich bin ruiniert. Das einzige, was mir geblieben ist, ist mein Hund – wir gehen ins Wasser! Komm, Hasso!“
„Nichts da“, brüllt die Ehefrau, „der Hund bleibt hier!“

„. . . und seinen Heimcomputer kriege ich auch noch klein!“

Sie sind gerade in die neue Wohnung eingezogen. Er spricht. Sie hört zu. Einige Jahre später: Sie spricht. Er hört zu. Viele Jahre später: Beide sprechen. Die Nachbarn hören zu.

„Glauben Sie an fliegende Untertassen?“
„Allerdings.“
„Haben Sie schon welche gesehen?“
„Seit meiner Scheidung nicht mehr!“

Kapitel 2

Geldsorgen

Ein Bankier zum anderen: „Mein Vater pflegte immer zu sagen, es gibt viele Wege, zu Geld zu kommen, aber nur ein einziger ist ehrlich."
„Und der wäre?"
„Aha, Sie kennen ihn also auch nicht."

Ein erfolgreicher Geschäftsmann möchte sich auf einer Geschäftsreise in Florida eine attraktive Blondine anlachen: „Ich schenke Ihnen einen Pelzmantel", sagt er, „wenn Sie mich erhören!"
„Was soll ich mit einem Pelzmantel in Florida?" antwortet das Mädchen.
„Dann werde ich Ihnen eine kostbare Perlenkette schenken."
„Davon habe ich schon ein halbes Dutzend!"
„Was möchten Sie denn haben?"
„Warum schenken Sie mir kein Bargeld?"
„Weil es das nicht im Großhandel gibt!"

„Ich habe meiner Frau das Buch ‚Wie spart man Geld?' geschenkt."
„Und? Hast du Erfolg gehabt?"
„Ich rauche und trinke nicht mehr."

Der Junge kommt strahlend nach Hause, in der Hand einen Fünfzigmarkschein. „Sieh mal, Mama, was ich gefunden habe!“ verkündet er stolz.
„Gefunden?“ fragt die Mutter skeptisch, „bist du auch sicher, daß den jemand verloren hat?“
„Natürlich, ich hab den Mann gesehen, der ihn gesucht hat!“

„Ich habe einen tollen Trick“, flüstert ein Schotte seinem besten Freund ins Ohr, „wenn ich mit meiner Freundin ins Kino gehe, verabrede ich mich mit ihr im Saal. So ist sie gezwungen, selbst zu zahlen. Solltest du auch mal versuchen!“
„Bist du verrückt? Dann müßte ich ja meine Kinokarte selbst bezahlen.“

„Papa, was ist ein Debitor?“
„Das ist ein Mann, der jemandem Geld schuldet.“
„Und was ist ein Kreditor?“
„Das ist derjenige, der glaubt, daß der Debitor zahlen wird.“

Im Restaurant geht ein Mann zu einer jungen Dame an den Tisch und fragt höflich, ob er ihr Gesellschaft leisten dürfe.
„Was fällt Ihnen ein!“ ruft die junge Dame empört. „Wir kennen uns überhaupt nicht, und Sie wagen es, mir anzubieten, mit Ihnen zu schlafen! Schämen sollten Sie sich!“
Rot vor Verlegenheit geht der junge Mann an seinen Tisch zurück, gefolgt von den mißbilligenden Blicken der anwesenden Gäste.
Nach kurzer Zeit kommt die junge Dame zu ihm an den Tisch und sagt mit charmantem Lächeln: „Bitte verzeihen Sie mir mein merkwürdiges Benehmen vorhin. Ich studiere nämlich Psychologie und wollte einmal erleben, wie ein Mann in so einer peinlichen Situation reagiert.“
Der Mann hört ihr schweigend zu und ruft dann plötzlich laut und deutlich: „Was? Zweihundert Mark für eine Nacht? Schämen sollten Sie sich!“

„Irgendwas los?“ fragt der Baarkeeper einen jungen Mann, der traurig in sein Glas guckt.
„Vor zwei Monaten starb mein Großvater und hinterließ mir 85 000 Dollar“, sagt der Mann.
„Darüber sollten Sie doch nicht traurig sein“, meint der Barkeeper, „das sollte mir mal passieren!“
„Ja, sicher“, sagt der junge Mann, „aber letzten Monat starb ein Onkel und hinterließ mir 150 000 Dollar.“
„Aber warum sitzen Sie jetzt da und sind unglücklich?“
„Tja, wissen Sie, in diesem Monat noch keinen Cent!“

„Aufstehn, Erich – Kohle machen!“

Sie jubelt, als sie paketbeladen vom Einkaufsbummel zurückkommt: „Es ist so herrlich, in einer Zeit zu leben, in der Sparsamkeit die Wirtschaft ruinieren würde!“

„Eben habe ich einem Schotten zwei große Koffer getragen“, erzählt der Gepäckträger, „und am Ziel drückte er mir etwas in die Hand und sagt: ‚Hier, für einen Kaffee.‘ “
„Wieviel war es?“
„Ein Stück Würfelzucker!“

Ein schottischer Konditor sucht eine Verkäuferin. Einzige Bedingung: Sie muß Diabetikerin sein.

Zwei Freunde unterhalten sich über ihre Vorweihnachtsgeschäfte und darüber, was sie doch für tüchtige Kaufleute seien.
„Ich“, sagt der eine, „habe es doch tatsächlich fertiggebracht, einer Firma, die Glühbirnen herstellt, zehntausend Wachskerzen zu verkaufen.“
„Das ist noch gar nichts“, meint geringschätzig der andere, „mir ist es vor acht Tagen gelungen, einer Frau, die für ihren verstorbenen Mann die Garderobe für seinen letzten Gang kaufen wollte, eine Hose zu verkaufen, die man von beiden Seiten tragen kann.“

Die alte Dame hebt am Bankschalter ihr ganzes Geld ab. Nach zehn Minuten kommt sie wieder und zahlt alles wieder ein.
„Warum haben Sie das Geld denn abgehoben?“ fragt der Kassierer.
„Man wird schließlich mal nachzählen dürfen.“

„Vater“, stammelt der Sohn, „ich habe ein Mädchen in Verlegenheit gebracht. Für 2000 Dollar will sie den Mund halten.“
Der Vater schreibt den Scheck aus, als sein zweiter Sohn mit der gleichen schlechten Nachricht ankommt, nur daß er 3000 Dollar haben will. Während der Vater auch diesen Scheck ausschreibt, erscheint die Tochter.
„Vater“, schluchzt sie, „ich glaube, ich bin schwanger.“
„Ah“, ruft der Vater fröhlich, „jetzt kassieren wir!“

„Ich hasse Schloßbesichtigungen!“ seufzt der ältere Herr an der Hotelbar.
„Warum machen Sie denn den Unsinn mit?“ fragt sein Nachbar.
„Wegen der Steuer. Mir gehört das Schloß!“

McIntosh trifft McDonald, der aus der Post kommt.
„Na, hast du dir Geld abgeholt?“
„Leider nein, ich habe nur meinen Füller gefüllt.“

„Ich habe den Eindruck, daß mein Schwiegersohn meine Tochter nur geheiratet hat, weil sie eines Tages mein ganzes Vermögen erben wird“, gesteht ein Millionär seinem Freund.
„Wie kommst du darauf?“
„Jedesmal, wenn er mir die Hand gibt, fühlt er meinen Puls.“

Ein Redakteur betritt am ersten April pfeifend das Büro des Chefredakteurs. Er küßt die Sekretärin, gibt dem Chef eine schallende Ohrfeige und stülpt ihm den Papierkopf über den Kopf.
Aufgeregt kommt einer der Kollegen und flüstert ihm ins Ohr: „Hör auf, du Idiot. Wir haben dich in den April geschickt, als wir dir erzählten, du hättest sechs Richtige im Lotto!“

„Fünfzehntausend Mark habe ich für deine Küche ausgegeben!“ stöhnt der Ehemann beim Essen, „statt dessen hätte ich ein Kochbuch für fünfzehn Mark kaufen sollen.“

„Ist das nicht attraktiver als ein steuerbegünstigtes Bauherrenmodell?“

Ein Millionär verläuft sich im Hotel und gerät an einen Tellerwäscher in der Küche. „Trösten Sie sich", sagt er und klopft dem Mann auf die Schulter, „ich habe auch als Tellerwäscher angefangen – und heute bin ich Millionär."
„Das ist der Unterschied", meint der Mann, ohne aufzublicken, „ich war mal Millionär."

Als bekannt wird, daß die hübsche Nichte von Lord James sich in Amerika als Callgirl betätigt, stöhnt der alte Lord verzweifelt: „Unglaublich, ein Mitglied unserer Familie arbeitet!"

Ein Ehemann beklagt sich bei seinem Freund: „Ich bin völlig verzweifelt! Meine Frau interessiert sich nur für Geld. Immer nur Geld, sie hat überhaupt nichts anderes im Kopf als Geld."
„Was macht sie denn mit dem vielen Geld?"
„Denkst du vielleicht, ich gebe ihr was?"

„Morgen kommt Pit, um sich tausend Mark von dir zu pumpen, Winfried.“
„Danke, gut, daß du mich warnst.“
„Er braucht das Geld, um mit deiner Frau zum Wintersport zu fahren.“
„Das werde ich dir nie vergessen, Fritz. Wenn ich nicht gewußt hätte, wofür er das Geld braucht, hätte ich es glatt abgelehnt, ihm was zu leihen.“

Ein Millionär nimmt sich ein Taxi und gibt dem Fahrer zwanzig Pfennig Trinkgeld. Der Fahrer ist enttäuscht.
„Irgendwas nicht in Ordnung?“ fragt der Fahrgast.
„Gestern habe ich ihren Sohn gefahren“, antwortet der Chauffeur, „der hat mir fünf Mark gegeben.“
„Das kann ich mir vorstellen. Mein Sohn hat einen reichen Vater – ich nicht.“

„Ich bin längst nicht mehr so schön wie früher“, klagt die Bankkassiererin.
„Wie kommst du darauf?“
„Die Männer fangen an, das Geld nachzuzählen.“

Die junge Frau ist überrascht, als der beste Freund ihres Mannes eines Nachmittags erscheint und ihr 1000 Mark anbietet, wenn sie ihn erhören würde.
Am Abend fragt der Ehemann: „War Robert heute nachmittag hier?"
„Ja", stottert sie, „warum fragst du?"
„Er wollte die 1000 Mark zurückbringen, die ich ihm letzte Woche geliehen habe."

„Papa, was ist eigentlich der Unterschied zwischen Kapital und Arbeit?" fragt der kleine Sohn des Bankiers.
„Wenn du Geld verleihst", antwortet der Vater, „dann besitzt du Kapital. Wenn du das Geld zurückhaben willst, dann hast du Arbeit."

Kapitel 3

Familienplanung

Der Xaver und seine Zenzi im Heu.
Sie: „Liabst mi?“
Er: „Jo!“
Sie: „Heirat’st mi?“
Er: „Na!“
Sie: „Runter, sag i!“

Genau neun Monate nachdem sie geheiratet haben, bringt der junge Ehemann seine Frau zur Entbindung in die Klinik. Kurz darauf erscheint der Arzt und sagt, daß er Vater eines Jungen geworden ist. Der frischgebackene Vater blickt auf die Uhr und sagt: „Auf die Minute pünktlich. Es ist genau sieben Uhr.“
Zwanzig Minuten später kommt der Arzt erneut und verkündet, daß er auch noch eine Tochter bekommen habe. „Genau auf die Minute“, sagt der Vater stolz und blickt auf die Uhr, „ich glaube, ich kann jetzt erst mal in Ruhe ein Bier trinken gehen, vor halb elf ist nichts mehr fällig.“

Eine hübsche junge Frau ist zur Wahrsagerin gegangen. „Sie werden in Kürze dem Mann Ihres Lebens begegnen“, wird ihr prophezeit.
„Wunderbar, aber was wird dann aus meinem Mann?“

Der junge Mann bittet seinen Chef um die Erlaubnis, seine Arbeit für fünfzehn Minuten unterbrechen zu dürfen: „Meine Frau wird nämlich ein Kind bekommen", erklärt er.
Als er eine Viertelstunde später atemlos zurückkommt, fragt ihn der Chef: „Nun? Ist es ein Junge oder ein Mädchen?"
„Wie soll ich das wissen, wir müssen auch neun Monate warten."

„Endlich habe ich einen Mann gefunden, der mit beiden Beinen auf der Erde steht!"
„Schön, aber wie zieht er seine Hosen aus?"

„Sind Sie bereit, die hier anwesende Erika Müller zu heiraten?" fragt der Standesbeamte.
„Nein", antwortet der Bräutigam bestimmt.
„Wollen Sie sich über mich lustig machen?" fragt der Beamte empört.
„Nicht im geringsten, aber Sie sind der erste, der mir diese Frage stellt."

„Wie wär's denn mit Stewardeß?" fragt die Berufsberaterin.
„Nicht schlecht, sicher eine gute Chance, die richtigen Männer kennenzulernen."
„Das sollte nicht ausschlaggebend sein. Männer trifft man auch in anderen Berufen."
„Aber nicht angeschnallt."

Ein sehr, sehr dicker Mann und seine ebenso dicke Frau werden von dem Polizeibeamten gefragt: „Sind Sie verheiratet?"
„Ja."
„Haben Sie Kinder?"
Der Mann etwas kurzatmig: „Sind wir Artisten?"

Ein junges Mädchen hat sich im Wonnemonat Mai verlobt. Während des Festessens wendet es sich an den zukünftigen Schwiegervater und sagt errötend: „Meinen Sie, daß Christian mich auch noch so lieben wird, wenn wir verheiratet sind?"
„Ich bin ganz sicher, mein Kind, der Junge hatte schon immer eine Schwäche für verheiratete Frauen!"

Vor der Hochzeit erhält die Tochter die letzten Instruktionen von der Mutter:
„Vergiß vor allem nie: Streite nicht mit deinem Mann – weine!"

„Also, irgendwie muß man sich ja mal einen Kerl einfangen!“

Vater und Mutter, deren Sohn heiraten will, haben am Heiligabend eine heftige Auseinandersetzung. Der Vater meint: „Es wird Zeit, daß du mit ihm über gewisse Dinge redest, die er nun allmählich wissen müßte!“
„Nein“, sagt die Mutter, „das ist Männersache!“
Widerwillig geht der Vater zu seinem Sohn und sagt errötend: „Weißt du, mein Kleiner, der Weihnachtsmann, das war immer ich!“

Schüchtern wendet sich ein Angestellter an den Bürochef, der sehr gefürchtet wird: „Ich möchte gern acht Tage Urlaub nehmen.“
„Warum?“ brüllt der Tyrann.
„Ich heirate, und ich würde gern meine Frau auf ihrer Hochzeitsreise begleiten.“

Die Mutter fragt ihren kleinen Sohn: „Möchtest du lieber ein Brüderchen oder ein Schwesterchen haben?“
„Wenn es nicht zu schwer für dich wird, möchte ich lieber ein Pony.“

„Du bist seit sechs Monaten verlobt und hast deiner Braut noch nie bewiesen, wie leidenschaftlich du sie liebst?“ sagt ein junger Mann verwundert zu seinem schüchternen Freund.
„Ich habe mich eben noch nie getraut.“
„Paß auf, nächstes Mal gehst du so vor: Du klingelst, sie öffnet dir die Tür, und ohne ein Wort zu sagen umarmst du sie leidenschaftlich und küßt sie stürmisch. Du wirst sehen, die Sache läuft.“
Einige Tage später treffen die beiden sich wieder.
„Nun? Hat es geklappt?“
„Großartig. Es ging alles wie geschmiert bis auf eine kleine Panne: Ihre Mutter öffnete mir die Tür.“

Ein Schotte trifft seinen Freund McDonald am Bahnhof. „Wo kommst du her?“
„Von meiner Hochzeitsreise.“
„Ohne deine Frau?“
„Ja, sie kannte Venedig schon.“

Ein eingefleischter Junggeselle fragt seinen besten Freund: „Willst du etwa zum drittenmal heiraten? Du mußt völlig verrückt sein! Ich frage mich wirklich, warum man immer gleich heiraten muß.“
„Um nicht allein zu sein.“
„Ach, und warum läßt man sich dann scheiden?“
„Weil man nicht genügend Geduld hat.“
„Und warum heiratet man dann wieder?“
„Weil man ein schlechtes Gedächtnis hat.“

„Du sollst dich was schämen“, sagt die Mutter vorwurfsvoll zu ihrer Tochter, „alle deine Freundinnen sind schon geschieden, und du bist noch nicht mal verheiratet.“

„Du hast mir doch vor einem Jahr erzählt, du würdest eine reizende Witwe heiraten. Was ist daraus geworden? Habt ihr euch getrennt?“
„Oh, nein. Ich warte noch.“
„Worauf denn?“
„Ihr Mann ist noch nicht tot.“

„Hat er dir immer noch keinen Heiratsantrag gemacht?“
„Nein!“
„Dann ermuntere ihn doch ein bißchen!“
„Tu ich ja. Jedesmal, wenn er mir die Zigarette anzündet, blase ich ihm Ringe zu.“

„Sie wollen morgen schon wieder frei haben?“ wundert sich der Chef. „Ist Ihnen eigentlich klar, daß Sie häufiger frei haben, als Sie arbeiten? Vor kurzem erst mußten Sie Ihre Frau in den Urlaub fahren, dann wurde Ihr Sohn getauft, gleich darauf hatte Ihre Tochter Masern und anschließend wurde Ihre Schwiegermutter beerdigt. Ich bin mal gespannt, was morgen los ist!“
„Morgen will ich heiraten.“

„In diesem Jahr wird geheiratet – zwanzig Jahre wilde Ehe reichen!“

„Die Hochzeitsreise war so himmlisch“, erzählt eine Freundin der andern, „daß wir uns entschlossen haben zu heiraten.“

„Ich warne Sie“, droht der Ehemann dem neuen Freund des Hauses, „wenn Sie nicht aufhören, mit meiner Frau zu flirten, müssen Sie sie eines Tages übernehmen.“

Emilie ist tot. Hemmungslos schluchzend und völlig gebrochen steht der Hausfreund neben dem Ehemann am Grab. Der Witwer klopft ihm tröstend auf die Schulter: „Beruhige dich, ich heirate ja wieder!“

Kapitel 4

Freizeit

Der Pfarrer fährt fröhlich pfeifend mit dem Fahrrad freihändig durch die Kleinstadt. Ein Polizist stoppt ihn.
„Es tut mir leid, Hochwürden, aber ich muß Ihnen ein Strafmandat erteilen. Sie wissen doch, daß es verboten ist, freihändig zu radeln."
„Aber, aber", unterbricht der Priester, „was sollte denn passieren, mein Sohn? Gott ist immer bei mir."
„Um so schlimmer", erwidert unerbittlich der Polizist, „dann bekommen Sie noch ein zweites Strafmandat. Es ist nämlich streng verboten, zu zweit auf einem Fahrrad zu sitzen."

„Wer hat dich denn so zusammengeschlagen?"
„Ach, ich habe gestern abend mit meiner Freundin Tango getanzt – dabei hat uns ihr Vater überrascht!"
„Na und? Tango tanzen ist doch nicht verboten."
„Du hast recht, aber ihr Vater ist taub!"

Zwei Freunde treffen sich auf der Straße.
„Ich bin seit zwei Monaten Mitglied eines Gesangvereins. Einmal in der Woche treffen wir uns in einer Gaststätte. Wir amüsieren uns wirklich gut. Erst trinken wir ein paar Gläschen, dann spielen wir Skat und kegeln, und wenn unsere Frauen uns später abholen, wird noch getanzt."
„Und wann singt ihr?"
„Auf dem Nachhauseweg."

Ferdinand Müller ist von einem Freund zum Mittagessen in dessen neue Wohnung eingeladen worden.

„Ich glaube, ich muß mal wieder ins Büro“, stellt er fest, „wie spät ist es denn eigentlich?“

Der Freund guckt aus dem Fenster, prüft den Sonnenstand und sagt: „Es ist fünf Minuten vor halb zwei.“

„Wieso richtest du dich denn nach der Sonne? Hast du keine Uhr?“

„Ich hasse Uhren, und bisher habe ich mich noch nie geirrt!“

„Aber was machst du denn nachts?“

„Für nachts habe ich eine Trompete.“

„Was?“

„Ja. Wenn ich nachts mal wissen möchte, wie spät es ist, blase ich auf meiner Trompete. Du kannst sicher sein, daß sich immer jemand findet, der das Fenster aufreißt und brüllt: ‚Unglaublich. Um drei Uhr früh so einen Lärm zu machen!‘“

Drei Freunde streiten sich, wer mit seiner Maskierung den größten Erfolg erzielt habe. Der erste sagt: „Ich habe meine eigene Frau dazu gekriegt, sich zu verstecken, weil ich gerufen habe ‚Dein Mann kommt!‘“

„In Wirklichkeit bin ich gekommen“, sagt der zweite, „und deine Frau war der Meinung, ich sei ihr Mann.“

„Alles nichts“, kichert der dritte, „ich war die Frau.“

„Herr Doktor", klagt ein Patient, „ich träume immer so entsetzlich. Kürzlich zum Beispiel träumte ich, ich stände nackt auf dem First unseres Hauses und alle Nachbarn ständen unten und klatschten Beifall!"
„Und wie ging der Traum weiter?"
„Gar nicht. Das ist es ja. Ich wachte auf."
„Wodurch?"
„Durch den Beifall. Ich stand nackt auf dem First des Hauses, und alle Nachbarn . . ."

„Seit drei Stunden stehen Sie jetzt hinter mir und stören mich bei meiner Schachpartie. Spielen Sie doch selbst, Mann!"
„Tut mir leid, mir fehlt die Geduld!"

Ein Mann geht in einen Sex-Club und sagt der Chefin:
„Ich möchte gern was Außergewöhnliches!"
„Ich habe eine entzückende Chinesin. Ich werde sie rufen."
„Nein, danke, schon gehabt."
„Dann eine rassige Negerin."
„Nein, danke, schon gehabt. ich möchte ein ganz junges, unschuldiges Mädchen!"
„Das ist ja unglaublich! Ich werde einen Polizisten rufen!"
„Nein, danke, schon gehabt."

„Ach, immer nur lesen!“

Am Heiligabend klingelt bei Otto Schmidt das Telefon: „Hallo! Entschuldigen Sie bitte, mein Herr, aber in Ihrem Hause wohnen fünf Leute, die alle Schmidt heißen. Sind Sie der Schmidt mit der Tochter?"
„Nein, zum Teufel, ich bin der Schmidt, der gerade in der Badewanne saß!"

Ein Luxusdampfer ist untergegangen. Sechs Frauen und ein Mann erreichen mit letzter Kraft eine einsame Insel. Um der Gerechtigkeit willen beschließt der Mann, sich jeden Tag einer anderen Dame zu widmen und am Sonntag einen Ruhetag einzulegen. Nach einigen Wochen entdeckt er plötzlich am Horizont ein Floß, auf dem ein Mann sitzt. Begeistert winkt er dem Fremden zu und freut sich über die künftige Entlastung.
Der Neuankömmling umarmt, als er gelandet ist, den Inselbewohner und küßt ihn herzlich.
„Ach du großer Gott", seufzt der arme Mann enttäuscht, „nun ist mein Sonntag auch noch futsch!"

„Haben Sie Ihre Frau betrogen?" fragt der Pfarrer.
„Wer denn sonst!" antwortet der Mann im Beichtstuhl.

In Oberstummhausen bringt ein Skatbruder einen Bekannten mit. Der sagt:
„N'Abend", setzt sich, und dann fällt kein überflüssiges Wort mehr. Lange nach Mitternacht erhebt sich der Neuling, sagt:
„Tja, ich muß wohl" und geht.
„Den brauchst nimmer mitbringen", sagen die anderen, „der red' zuviel."

Zwei Freunde treffen sich nach Jahren zufällig auf der Straße. „Darauf müssen wir einen trinken", schlägt der eine vor.
„Ach, immer trinken . . .", meint der andere.
„Dann laß uns zusammen essen gehen."
„Ach, immer essen . . ."
„. . . also, dann kommst du zu mir nach Hause. Ich stelle dir meine Frau vor."
„Ach, immer lieben . . ."

Der kurzsichtige Lehrer ruft in die Klasse: „Du dahinten, sag mir mal das Gedicht auf!"
„Das kann ich nicht!"
„Darf man fragen, was du gestern abend gemacht hast?"
„Da habe ich mit Freunden ein paar Bier getrunken und dann Skat gespielt."
„Das ist ja unglaublich! Man fragt sich wirklich, warum du überhaupt noch in die Schule kommst!"
„Um die Heizung zu reparieren – ich bin der Monteur!"

„Es freut mich, daß Sie gestern abend endlich mal wieder in meiner Andacht waren“, sagt der Pastor zum größten Säufer der Gemeinde.
„Soso – da bin ich also gelandet.“

An einem heißen Hochsommernachmittag gehen drei Damen im Park ihres Klubs spazieren. Auf einer Wiese sehen sie einen nackten Mann im Gras liegen, der das Gesicht zum Schutz gegen die Sonne mit einem Taschentuch bedeckt hat. Die eine der drei Damen wirft einen kurzen Blick auf den Mann und sagt: „Im ersten Moment dachte ich, es sei mein Mann, aber ich habe mich geirrt.“
„Das hätte ich dir gleich sagen können“, antwortet die zweite.
Die dritte sieht sich den Nackten nur kurz an und stellt fest: „Das ist überhaupt kein Klubmitglied!“

Auf einer Kreuzfahrt bekommt ein Passagier, der für seine großzügigen Trinkgelder bekannt ist, eines Morgens sein Frühstück von einem anderen Stewart serviert. „Nanu“, staunt der Gast, „wo ist denn Ihr Kollege, der mich sonst immer bedient?“
„Ab heute übernehme ich das“, erwidert der Stewart, „ich habe Sie beim Pokern gewonnen.“

„Gleich haben wir den Kerl – wo Bienen sind,
ist auch ein Imker!“

Ein Radfahrer fährt einen alten Herrn an. Er steigt vom Rad und hilft seinem Opfer auf die Beine.
„Sie haben aber Glück, daß heute mein freier Tag ist", sagt der Radfahrer.
„Warum?"
„Ich fahre sonst einen Autobus."

Das junge Mädchen hilft in einem „Mutter und Kind"-Laden aus. Gerade, als sie eine kurze Pause machen möchte, kommt wieder eine Schwangere herein.
„Meine Güte", seufzt sie, „tut es denn niemand mehr nur zum Vergnügen?"

„Du mußt mich morgen vertreten", sagt der Barkeeper zu seinem Assistenten.
„Das ist mir aber unangenehm, denn morgen kommt doch der Taubstummen-Klub, und ich weiß nicht, ob ich mit denen zurechtkomme."
„Das ist gar kein Problem. Wenn sie ein Glas Bier wollen, heben sie die Hand, und wenn sie einen Schnaps möchten, heben sie den Daumen. Sollte was nicht klappen, rufst du mich an."
Tatsächlich klingelt am anderen Abend beim Barkeeper das Telefon.
„Bis jetzt ging es ganz gut", sagt der Kollege, „aber nun weiß ich nicht weiter. Sie sitzen jetzt alle da und machen den Mund auf!"
„Ach richtig. Ich habe vergessen, dir zu sagen, daß sie später, wenn sie besoffen sind, immer singen."

Ein Herr stürzt in die Drogerie und brüllt:
„Meine Frau ist in einen Bienenschwarm geraten. Nun rast sie durch die Gegend, von unzähligen Bienen verfolgt.“
„Und wie kann ich Ihnen helfen, mit Salbe oder Schmerztabletten?“
„Unsinn, ich brauche einen Farbfilm für meine Kleinbildkamera!“

„Sieh mal, Hugo – eine Volkstanzgruppe!“ sagt sie und zeigt in eine Waldlichtung.
„Das ist keine Volkstanzgruppe – das sind die Ameisen!“

Ein Mädchen badet in einem einsamen See. Weit und breit kein Mensch. Plötzlich entdeckt es am Ufer einen Mann, der sich neben ihre Kleider gesetzt hat und ihr zusieht. Erbost schwimmt sie zum Ufer, greift sich zum Schutz eine alte Zinkwanne und sagt empört: „Wissen Sie, was ich denke, mein Herr?“
„Natürlich“, erwidert er gelassen, „Sie denken, die Wanne hätte einen Boden.“

„Was ist denn daran sündig, wenn man bei einem schönen Mädchen schläft?“
Der Pfarrer legt sein gütiges Gesicht in Falten: „Ihr Halunken schlaft ja nicht!“

Der Richter fragt die Angeklagte, eine zierliche Blondine: „Wo waren Sie in der Nacht zum 14. April?"
Das Mädchen errötet und schweigt.
„Haben Sie denn nicht gehört, was ich Sie gefragt habe? Sagen Sie dem Gericht, wo Sie in der Nacht zum 14. April waren und was Sie gemacht haben."
„Ich möchte lieber nicht antworten."
„Bedenken Sie, daß Ihnen hier nur die Wahrheit helfen kann!"
„Nun gut, ich war in der Nacht zum 14. April allein zu Hause in meinem Bett und habe Kreuzworträtsel gelöst."
„Wenn das stimmt, warum haben Sie sich dann geschämt, es uns zu sagen?"
„Na, finden Sie das vielleicht gut, wenn ein hübsches, junges Mädchen wie ich so die Nacht verbringen muß?"

Kapitel 5

Kulturschaffende

In einer kleinen Stadt hat jemand einen Laden eröffnet, in dem man Trompeten und Revolver kaufen kann. Eines Tages wird der Inhaber vom Nachbarn gefragt:
„Na, wie geht Ihr seltsames Geschäft denn?“
„Wieso seltsam?“
„Na, Sie verkaufen Trompeten und Revolver, das paßt doch überhaupt nicht zueinander. Was verkaufen Sie denn mehr, Trompeten oder Revolver?“
„Das ist absolut ausgeglichen. Immer wenn jemand eine Trompete gekauft hat, kommt ein anderer und kauft einen Revolver.“

Ein berühmter Schauspieler hat seine Frau verloren. Auf dem Weg zum Friedhof vergießt er Tränen in Strömen und versucht, sich mit dem Sarg zusammen in die Grube zu stürzen. Ein Freund packt ihn am Arm und hält ihn zurück. „Das ist noch gar nichts“, flüstert der Schauspieler, „du hättest mich erst mal in der Kirche erleben sollen . . .“

Das Erscheinen seines neuen Buches und die Geburt seines ersten Kindes kündigt der Professor in derselben Zeitung an. Als man ihm zu dem „stolzen Familienereignis“ gratuliert, denkt der Professor nur an die Leistung, die ihn die größere Anstrengung gekostet hat.
„Danke“, sagt er bescheiden, „aber ich hätte es nicht fertiggebracht ohne die Hilfe meiner beiden Assistenten.“

In der Hinterstube eines Antiquitätenladens sitzt ein Herrgottschnitzer und schnitzt einen spätgotischen Schmerzensmann. „Je schmerzlicher er dreinschaut, desto besser verkauft er sich!“ murmelt er leise und schaut und schnitzt und schnitzt und schaut. Und dann flucht er plötzlich laut: „Herrgottsakra – jetzt grinst er schon wieder!“

Seit Wochen ist das Theater ausverkauft, und man muß sich lange vorher um Karten bemühen.
„Wie ist es möglich, daß neben Ihnen noch ein Platz frei ist, gnädige Frau?“ wundert sich ein Herr.
„Es ist der Platz meines unglücklichen Mannes. Er ist vor drei Tagen gestorben.“
„Konnte denn nicht einer seiner Freunde den Platz einnehmen?“
„Unmöglich. Sie sind alle mit zur Trauerfeier gegangen.“

„Ihr Europäer lebt doch wirklich noch hinter dem Mond, wenn ihr euch noch täglich so umständlich rasiert“, sagt ein Amerikaner zu einem Deutschen. „Wir haben eine Maschine erfunden, mit der das Rasieren nur Sekunden dauert. Man stützt das Kinn auf, drückt auf einen Knopf, und schon ist man rasiert.“
„Aber jedes Kinn hat doch nicht die gleiche Form“, gibt der Deutsche zu bedenken.
„Vor der ersten Rasur natürlich nicht“, räumt der Amerikaner ein.

„Peter“, fragt der Lehrer, „wer schrieb ‚Die Räuber‘?“
„Ich nicht.“ antwortet Peter.
Der Lehrer ist empört über die Antwort und läßt Peters Vater zu sich kommen.
„Als ich Peter fragte“, erzählt er dem Vater, „wer ‚Die Räuber‘ schrieb, wurde er frech und antwortete: Ich nicht!“
„Sehen Sie“, meint der Vater, „ich weiß, mein Sohn ist kein Engel, aber ist es nicht möglich, daß er die Wahrheit gesagt hat? Vielleicht schrieb er sie wirklich nicht.“
Als der Vater seiner Frau von der Unterredung berichtet, meint sie entsetzt: „Konntest du denn nicht diplomatischer vorgehen? Du hättest dich für deinen Sohn entschuldigen müssen und dann erklären sollen, daß – obwohl er ‚Die Räuber’ diesmal geschrieben hat – er sie nie wieder schreiben wird.“

Das fünfjährige Wunderkind hat einen Klavierabend gegeben. Das Publikum rast vor Begeisterung und ruft nach dem jungen Künstler. Der aber steht weinend hinter der Bühne.
„Warum heulst du denn, mein Junge?“ erkundigt sich mitleidig ein Bühnenarbeiter.
„Weil ich“, schluchzt der kleine Pianist, „Klavierspielen hasse!“

„Ich wäre gern in Ihren Buchclub eingetreten – aber sehen Sie selbst, ich hab' schon ein Buch!"

„Seit unserem letzten Zusammentreffen“, erzählt ein Lyriker, „hat sich meine Leserschaft verdoppelt.“
Der Kollege weicht einen Schritt zurück: „Hast du sie geheiratet?“

Ein alter Schauspieler erfährt erst während der Dreharbeiten, daß er von einem Gangster niedergeschlagen werden soll. Er beklagt sich darüber beim Regisseur.
„Machen Sie sich keine Sorgen, mein Lieber, der Kollege hat viel Erfahrung auf diesem Gebiet. Er haut bestimmt daneben!“
„Es könnte aber doch sein, daß er trifft“, jammert der alte Mime.
„Tja – vielleicht haben Sie recht. Wir werden die Szene auf jeden Fall als letzte drehen.“

Der Dirigent ermahnt den Tenor auf der Probe: „Ich bitte um etwas mehr Leidenschaft! Haben Sie noch nie richtig geliebt?“
„Schon, aber nie dabei gesungen.“

Eine Dame kommt in Trauerkleidung in die Buchhandlung. In der Hand hält sie das Buch „Die Pilze unserer Heimat“.
Der Buchhändler drückt ihr ergriffen die Hand: „Herzliches Beileid, gnädige Frau, der Verlag hat den Druckfehler inzwischen korrigiert!“

Die Laienspielgruppe führt ein neues Stück auf. Auf dem Höhepunkt im zweiten Akt stehen sich zwei Bösewichte gegenüber, einer mit Messer in der Hand, der andere mit Revolver. Er drückt ab . . . Stille! Die Technik hinter den Kulissen hat versagt. Noch einmal versucht es der Revolvermann. Wieder nichts.
Da läßt er sein Bein schwingen und tritt dem bösen Gegenüber in den Hintern. Der sinkt zu Boden und ächzt: „Weh mir! Der Stiefel! Vergif . . . tet . . . t!"
In das Triumphgeheul des Siegers knallt ein Schuß.
Da richtet sich der Sterbende noch einmal auf und stöhnt: „Auch das noch!"

Als der Autor merkt, daß viele seiner Zuhörer während der Lesung eingeschlafen sind, sagt er entschuldigend: „Ich habe leider keine Uhr bei mir."
Stimme aus dem Saal: „Macht nichts, hinter Ihnen hängt ein Kalender."

„Ist diese Truhe auch wirklich gotisch?"
„Selbstverständlich!"
„Und der Beweis?"
„Der Holzwurm spricht mittelhochdeutsch!"

„Ich habe ein Buch, das Sie interessieren wird. Es heißt ‚Tausend Entschuldigungen für den Fall, daß Sie erst im Morgengrauen nach Hause kommen'."
„Und warum zum Teufel sollte mich das interessieren?"
„Weil Ihr Mann eben eins gekauft hat."

Einem reichen amerikanischen Bibliophilen sollte ein Streich gespielt werden. Freunde brachten einen Schauspieler mit, und als das Gespräch auf Bücher kam, bemerkte dieser, er habe viele Jahre lang eine alte Bibel zu Hause gehabt; sie habe aber so gestunken, daß er sie einer Tante geschenkt habe.
Der Gastgeber stutzte: „Wie alt war das Buch?"
„Weiß ich nicht. Gedruckt von einem gewissen Gurkenberg oder Guggenheim in Mainz."
Der Gastgeber ließ die Gabel fallen: „Gutenberg?"
„Ja, so hieß er."
Der Gastgeber sprang auf: „Los, wir chartern ein Flugzeug. Wo wohnt die Tante?"
Der Schauspieler winkte ab: „Lassen Sie es gut sein! Der Schinken ist völlig verdorben. Er muß ursprünglich einem gewissen Mack Luther gehört haben, und der hat ihn total verkritzelt."

„Dein neuer Pelzmantel ist ein Gedicht!"
„Aber die Vorgeschichte war ein Drama!"

„Immer nur lebende Bilder – warum sieht dieser Snob nicht mal fern, wie andere Leute auch!??“

„Wieso zieht der Judas auf Ihrem Abendmahl aus dem 14. Jahrhundert die Armbanduhr auf?“ fragt ein Kunde mißtrauisch den Kunsthändler.
„Meinen Sie, damals hätte es schon Automatik gegeben?“

In einer Tierhandlung bleibt ein Herr bewundernd vor einem Käfig mit zwei Vögeln stehen. Der eine sitzt stumm in der Ecke, aber der andere singt bezaubernde Melodien. „Ich möchte diesen fröhlichen Sänger kaufen“, wendet sich der Herr an den Verkäufer.
„Ich verkaufe sie nur paarweise. Der schweigsame Vogel ist der Komponist.“

Kapitel 6

Fernseher

Die Mutter des fünfjährigen Michael, der ein begeisterter Fernsehzuschauer ist, liegt mit Halsentzündung im Bett. Als der Vater nach Hause kommt, fragt er: „Wie geht es Mama?“
„Das Bild ist nicht schlecht, Papa, aber der Ton ist gestört.“

Mitten im „Tatort“ zischt es im Fernseher, und die Bildröhre ist hinüber. Mutter knipst das Licht an, Vater dreht sich um, sieht seinen Sohn und meint: „Junge, bist du groß geworden!“

Ein Fernsehautor zum anderen: „Habe gestern abend Ihren neuen Krimi gesehen. War wirklich fabelhaft milieugerecht.“
„Finden Sie?“
„Ja, sogar die Handlung war geklaut!“

„Jeden Abend sitzen wir hier und glotzen. Können wir nicht mal was anderes machen?“
Klar, laß uns die Plätze tauschen.“

„Schimanski kann mich mal!“

Ein älterer Mann fühlt, daß er nicht mehr lange zu leben hat. Er ruft seine hübsche junge Frau ans Krankenbett und sagt zu ihr: „Mein armer Liebling, was wirst du nur machen, wenn ich sterbe?“
„Oh, das weiß ich schon. Ich kaufe mir ein süßes schwarzes Minikleid mit einer niedlichen weißen Halskrause.“

Ein Partygast zum anderen: „Sehen Sie die hübsche Blondine? Das ist meine Frau. Und neben ihr, die Brünette, das ist meine Geliebte.“
„Merkwürdig“, meint der andere, „bei mir ist es umgekehrt.“

Ein Freund ruft den Bankier an: „Ich muß dir etwas Schlimmes über deinen Kassierer sagen!“
„Um Himmels willen, rede – was ist passiert?“
„Ich habe ihn gestern mit deiner Frau in einem Hotel verschwinden sehen.“
„Ach so – du hast mir ja einen schönen Schreck eingejagt – ich fürchtete schon, er sei mit der Kasse durchgebrannt.“

„Ich habe deinen Mann mit einer Blondine am Strand gesehen.“
„Na und, was hast du denn bei einem Mann in diesem Alter erwartet – Eimerchen und Schaufel?“

„Oh, Herr Doktor, glauben Sie wirklich, daß ich nun nicht mehr stehlen muß?“ fragt die Patientin glücklich.
„Ganz sicher“, sagt der Psychiater, „ich glaube, wir haben Ihre Kleptomanie unter Kontrolle, und Sie können getrost nach Hause zurückkehren. Sollten Sie jedoch einen Rückfall haben und hierher zurückkommen müssen, dann könnten Sie mir vielleicht einen kleinen Mini-Fernseher mitbringen!“

„Hast du gestern die Talkshow gesehen?“
„Gesehen? Sogar zugehört.“

„Herrlich, diese Koloraturen!“ flüstert der Mann vorm Fernseher.
„Hör lieber zu!“ zischt die Frau.

Der Neffe hat seiner geizigen Erbtante zur Olympiade einen Farbfernseher geschenkt. „Bist du nun mit dem Apparat zufrieden, liebe Tante?“ fragt er sie.
„Sehr, mein Guter. Wirlich sehr. Wenn das Gerät läuft, schließe ich die Augen und lausche. Dann ist es fast wie mit meinem alten Radio.“

„Schämen Sie sich nicht, Angeklagter, in Ihrem hohen Alter noch einen Fernseher zu stehlen?“
„In meiner Jugend gab es noch keinen, Herr Richter!“

„Dieser Pilzsalat schmeckt einfach köstlich, Gudrun. Woher hast du das Rezept?“
„Aus der letzten Tatort-Folge!“

Sie streiten sich seit einer Stunde laut und vernehmlich. Plötzlich klingelt es an der Tür. Der Mann öffnet. Vor ihm steht ein kleiner Junge und sagt: „Mama und Papa möchten gern wissen, in welchem Programm das amüsante Stück läuft, das Sie gerade sehen.“

„Meinen Sie, daß das Fernsehen jemals die Zeitung ersetzen kann?“
„Ausgeschlossen. Sie werden zum Beispiel mit diesem Apparat nie eine Fliege totschlagen können.“

„Jeden Abend dasselbe Theater – er behauptet, anders könne er die Tagesschau nicht mehr ertragen!“

„Ich habe schon früh am Abend einen so leichten Schlaf“, stöhnt Neugebauer, „daß ich bei der kleinsten Bild- oder Tonstörung aufwache.“

Er kommt nach Hause und ruft seiner Frau zu: „Was gibt’s zu essen? Was gibt’s in der Glotze?“
„Aufgewärmtes und Konserven.“

Am Abend wird eine Porno-Cassette eingelegt. „Jetzt aber ins Bett!“ befiehlt die Mutter den Kindern, „die Leute im Fernsehen sind auch schon ausgezogen!“

Nach der Geburt der fünften Schwester beschimpft der sechsjährige Sohn seinen Vater: „Kein Fernseher im Haus, aber für so was ist Geld da!“

„Ich lese gerade, daß wir das beste Fernsehprogramm der Welt hätten.“
„Klar, darum gibt’s doch so viele Wiederholungen!“

Kapitel 7

Kulinarisches

Eine Dame geht zum Arzt. Nicht um ihre Gesundheit sorgt sie sich, sondern um die ihres Mannes.
„Herr Doktor“, sagt sie, „er liebt mich nicht mehr so wie früher. Immer seltener beweist er mir seine Zuneigung. Können Sie mir nicht ein Stärkungsmittel für ihn verschreiben?“
Der Arzt erfüllt den Wunsch. Kurz danach trifft er die Dame auf der Straße. „Nun, hat es geholfen?“ fragt er interessiert.
„Zu gut, Herr Doktor, zu gut! Mein Mann mußte das Medikament wieder absetzen. Stellen Sie sich vor, neulich, wir waren gerade beim Essen . . . und plötzlich . . .“
„Aber das wollten Sie doch erreichen, gnädige Frau.“
„Schon aber in diesem Restaurant können wir uns nun nicht mehr blicken lassen.“

„Wie geht es eigentlich dem Manfred Meier?“
„Er ist zum drittenmal Witwer geworden.“
„Ach, woran starb denn die erste Frau?“
„Pilzvergiftung.“
„Mein Gott. Und die zweite?“
„Pilzvergiftung.“
„Mein Gott. Und die dritte? Du wirst doch wohl nicht sagen, daß sie auch . . .“
„Nein. Die dritte hatte einen Schädelbruch.“
„Unfall?“
„Nein, Sie wollte keine Pilze essen.“

„Wie fanden Sie unser Steak?“ fragt der Kellner den Gast.
„Ich räumte die Kartoffeln beiseite, und da lag es.“

Bevor die Gäste kommen, weist die Hausfrau die Aushilfe ein: „Sie müssen darauf achten, daß Sie die Platten den Gästen von links anbieten und von rechts die Teller wegnehmen.“
„Wie Sie wünschen“, antwortete die Frau, „aber ich finde, Sie sollten nicht so abergläubisch sein.“

„Wie war denn die Gartenparty bei deinem schottischen Freund?“
„Nicht schlecht. Es gab ein herrliches kaltes Büfett mit den leckersten Spezialitäten, und wenn man ein Fünfmarkstück in den Apparat warf, kamen sie sogar raus.“

Der Junggeselle erklärt, warum er noch nicht geheiratet habe: „Immer wenn ich ein Mädchen kennenlernte, das kochen konnte wie Mama, sah es aus wie Papa.“

Ein kleiner, magerer Mann wird auf der Straße von einer hübschen jungen Frau angesprochen. „Gefalle ich Ihnen?“ fragt sie.
„O ja, sehr!“
„Ich wohne nicht weit von hier. Möchten Sie bei mir einen Whisky trinken?“
„Aber gern!“
Im Wohnzimmer der jungen Frau trinken sie gemütlich ihren Whisky, dann erhebt sie sich und sagt: „Ziehen Sie sich doch bitte schon aus, ich komme gleich zurück.“
Sie verschwindet hinter einer Tür, während der Mann sich hastig entkleidet. Nach einigen Minuten kommt sie zurück, an der Hand ihren kleinen Sohn.
„Sieh dir diesen Mann an“, sagt sie zu ihm, „wie mager und klein er ist. So wird es dir auch ergehen, wenn du deine Suppe nicht ißt.“

Nach dem Abendessen bei Krauses strebt ein Ehepaar heimwärts.
„Du, spann den Schirm auf. Es regnet!“ sagt sie.
Darauf er: „Auch das noch.“

„Ich fürchte, die Klöße werden ihm wieder schwer im Magen liegen!“

In einem französischen Restaurant kämpft ein Mann mit einer zähen Taube. Verzweifelt fragt er den Kellner:
„Wie alt war diese Taube? Sie ist ja steinhart."
„Mein Herr, wir haben sie erst heute auf dem Markt gekauft."
Der gutwillige Gast versucht sich wieder an dem Tier, dreht und wendet es und findet schließlich im Schnabel einen Zettel. Er entfaltet ihn und liest: „Wir greifen im Morgengrauen an. Napoleon!"

Eine Kundin verlangt Kartoffeln. „Ich habe holländische Kartoffeln", sagt der Gemüsehändler.
„Ich möchte aber deutsche Kartoffeln haben", antwortet die Kundin.
„Wollen Sie die Kartoffeln nun essen oder sich mit ihnen unterhalten?"

Der Graf, alte Schule, stets ein Monokel im Auge, nimmt an einer Kreuzfahrt teil. Als das Schiff untergeht, findet er sich mutterseelenallein im Meer wieder. Nachdem es ihm gelungen ist, sein Monokel wieder einzusetzen, sieht er einen Hai auf sich zuschwimmen. Ohne sein kaltes blaues Blut zu verlieren, greift er entschlossen zu seinem kleinen Taschenmesser. Da zischt der Hai vorwurfsvoll: „Aber, Graf, Fisch mit dem Messer?"

Zwei Herren, die sich mittags häufig im selben Restaurant begegnen, kommen eines Tages miteinander ins Gespräch: „Ich komme her, weil meine Frau es ablehnt, zu kochen“, sagt der eine.
„Und ich, weil meine Frau darauf besteht!“

„Warum glaubst du, daß deine Frau dich loswerden will?“
„Sie wickelt mein Frühstück immer in eine Straßenkarte ein.“

Der Metzger fragt kurz vor Ladenschluß die neue Verkäuferin: „Sagen Sie mal, wo ist denn dieser Schweinebraten geblieben, der schon roch?“
„Hab’ ich dem alten Herrn von gegenüber verkauft.“
„Und die sechs Eier, die seit einigen Wochen hier in der Ecke lagen?“
„Hab’ ich ihm auch verkauft. Sie können wirklich mit mir zufrieden sein, Chef, nicht wahr?“
„Zufrieden? – Verdammt noch mal, bei dem alten Herrn von gegenüber sind wir heute abend zum Essen eingeladen!“

Ein Gast findet in seinem Gulasch ein Stückchen Holz. Er ruft den Kellner und fährt ihn an:
„Hören Sie, ‚Pferd‘ laß ich mir ja noch gefallen, aber ‚Pferd mit Wagen‘, das geht zu weit!“

Ein Tourist ißt in einem Restaurant an der Kurpromenade. Er wird vorzüglich bedient: Das Steak ist groß und zart, der Salat frisch und reichlich, und die Auswahl an Käse groß. Außerdem ist der Preis angemessen. Er beschließt, am nächsten Tag wieder dort zu essen. Aber diesmal ist das Steak klein und zäh, der Salat schlapp, und der Käse taugt nichts. Der enttäuschte Gast fragt den Kellner nach dem Grund dieser Veränderung. „Mein Herr, gestern saßen Sie am Fenster zur Promenade!“

Gast: „Wie lange arbeiten Sie hier?“
Kellner: „Seit einer Woche.“
Gast: „Dann können Sie nicht der Kellner sein, der meine Bestellung angenommen hat.“

„Zwei Rebhühner, aber bitte nicht so zerschossen!“
„Bedaure“, sagt der Verkäufer, „Rebhühner, die sich totgelacht haben, führen wir nicht.“

Bei der Feuerwehr klingelt das Telefon. Am anderen Ende der Leitung sagt eine aufgeregte Frauenstimme: „Hier Schulze, Alleestraße – kommen Sie rasch! Mein Mann hat den neuen Grill eingeweiht.“
„Das ist sehr nett von Ihnen“, erwidert der Feuerwehrmann, „aber ich kann hier nicht weg – und außerdem habe ich schon gegessen!“

„Hab' ich alle beim Austernessen gefunden!“

Zwei Indianer kommen an einem Grillplatz vorbei und schauen lange dem aufsteigenden Rauch zu.
„Komisch", sagt der eine dann zum andern, „es riecht besser als bei uns!"
„Schon", sagt der andere, „aber er macht keinen Sinn!"

In einem ganz feinen Restaurant. Einer der Gäste hat sich seine Serviette um den Hals geknotet. Der Geschäftsführer bittet den Oberkellner: „Machen Sie dem Herrn mal klar, daß sich das hier nicht gehört – aber mit Takt!"
Der Oberkellner geht zum Gast und fragt ihn freundlich: „Was darf es sein, der Herr – Haare schneiden oder rasieren?"

Zwei Franzosen unterhalten sich über die englische Küche. „Man kann sich da nicht irren", meint der eine, „wenn es heiß ist, handelt es sich um Suppe. Ist es kalt, handelt es sich um Bier."

Erklärt ein Holzwurm freudestrahlend seiner Familie: „Heute gehen wir mal Chinesisch essen ... im Antiquitätenladen sind neue Möbel aus Hongkong eingetroffen!"

Kapitel 8

Alkoholisches

Zwei Polizisten finden vor einer Haustür einen Betrunkenen am Boden: „Name?“
„Meier!“ lallt der.
„Adresse?“
„Alleestraße 4, dritter Stock!“
Die Polizisten schauen auf die Haustür – die Adresse stimmt – nehmen den Mann, tragen ihn ins Treppenhaus, drei Etagen hoch, Tür auf, rein.
Als sie wieder herunterkommen, liegt in der Haustür wieder ein Mann: „Name?“
„Meier!“
„Adresse?“
„Alleestraße 4, dritter Stock!“
Nachdem sie auch diesen Betrunkenen hochgeschafft haben, finden sie unten noch einen: „Heißen Sie etwa auch Meier?“
„Meier!“
„Ja, säuft denn bei Ihnen die ganze Familie?“
„Was heißt saufen? Mir ist schlecht. Ich weiß gar nicht, warum Sie mich dauernd den Fahrstuhlschacht hinunterwerfen!“

Ein Gast sieht in einem Bistro in Paris einen jungen Mann vor der dritten Flasche Wein sitzen. Er geht zu ihm hin: „Hören Sie mal, junger Mann, wissen Sie nicht, daß alljährlich fast fünfzigtausend Franzosen durch Alkohol sterben?“
Der junge Mann nimmt einen kräftigen Schluck und antwortet: „Was geht mich das an – ich bin Schwede!“

„Spendiert denn hier in Bonn keiner mehr Champagner?“

Ein Betrunkener geht die Straße entlang, indem er immer ein Bein auf den Bürgersteig und das andere auf die Fahrbahn setzt. Schließlich hält ihn ein Polizist an: „Warum laufen Sie so merkwürdig? Sie sind wohl betrunken!"
„Betrunken! Gott sei Dank! Ich glaubte schon, ich sei ein Krüppel!"

„Kapieren Sie denn nicht", erklärt der Arzt dem Trunkenbold, „daß Sie sich langsam vergiften?"
„Ich habe nun mal keine Eile", lallt der Patient.

Ein alter Weihnachtsmann steht betrunken an der Theke und beklagt sich über die Ungerechtigkeit des Berufslebens. „Nehmen Sie mich", sagt er zum Wirt, „Sie gibt es zweimal, aber mich gibt's überhaupt nicht!"

Ein Auto, das im Zickzack über eine Landstraße fährt, wird von einem Streifenwagen gestoppt. „Sie sollten vielleicht besser Ihre Frau ans Steuer lassen“, empfiehlt der Polizist.
„Oh, nein“, lallt der Fahrer, „ich bin vielleicht besoffen, aber nicht verrückt.“

In einem Lokal auf Sylt wundert sich der Barkeeper über einen Feriengast, der seinen Whisky jedesmal in einem Zug austrinkt und sich dabei die Nase zuhält.
„Ist er nicht gut?“ fragt der Barkeeper.
„Doch. Aber wenn ich Whisky nur rieche, läuft mir das Wasser im Mund zusammen und verwässert ihn.“

„Nie kann ich meinen Tee mit Rum so trinken, wie er mir am besten schmeckt“, klagt ein Schotte seinem Freund. „Zu Hause nehme ich ein Stück Zucker, bei Freunden drei. Aber am liebsten trinke ich ihn eben doch mit zwei Stücken.“

Ein notorischer Trinker will sich auf Herz und Nieren untersuchen lassen. Als der Arzt sieht, wie die Hände des Patienten zittern, meint er: „Sie müssen ja ganz schöne Mengen trinken.“
„Absolut nicht“, antwortet der Patient, „das meiste verschütte ich leider.“

Auf dem Juristenball streiten sich zwei Rechtsanwälte. Sie fragen den herbeigerufenen Kellner: „Haben Sie ein Strafgesetzbuch im Hause?“
Ängstlich erscheint nach einigen Minuten der Wirt des Lokals mit einer Flasche Champagner: „Den Wein nehme ich selbstverständlich zurück, meine Herren!“

„Was haben Sie mir eigentlich serviert?“ fragt ein Gast den Barkeeper.
„Whisky mit Soda.“
„Und was haben Sie zuerst ins Glas getan?“
„Den Whisky natürlich.“
„Na, dann werde ich noch auf ihn stoßen.“

„Ich habe etwas Besonderes! Einen Eiswein! Möchten Sie ihn versuchen?“
„Gern. Aber nur ein ganz kleines Würfelchen!“

„Um Himmels willen, keinen Kaffee“, bittet er die Gastgeberin, „der wirft mich um Stunden zurück!“

„Warum mußte er auch immer soviel Doppelkorn trinken!“

Zwei beschwipste Freunde stolpern am Vatertag die Eisenbahnschienen entlang. Da sagt der eine: „Ich wünschte, wir kämen endlich ans Ende der Treppe." „Die Stufen sind ja nicht das Schlimmste", meint der andere, „wenn nur das Geländer nicht so niedrig wäre."

Der Kellner folgt dem späten Gast zur Tür: „Sie haben vergessen, Ihre Getränke zu bezahlen, mein Herr!" Schweigend und mit melancholischem Blick mustert der Preller den schwarzgekleideten Bediensteten, und nach einem tiefen Seufzer sagt er: „Ich trank, um zu vergessen!"

Kapitel 9

Liebesbeweise

„Meine Frau will sich scheiden lassen."
„Aber warum denn?"
„Wegen seelischer Grausamkeit. Dabei war ich immer so nett zu ihr. Jeden Morgen hab' ich ihr den Kaffee ans Bett gebracht. Sie brauchte ihn nur noch zu mahlen."

Der Skilehrer kommt nach Wochen in sein kleines Dorf zurück. Am nächsten Tag trifft er seine Freunde im Gasthof.
„Wie war's denn?" fragen sie ihn.
„Herrlich. Ich bin sofort zu meiner Frau gegangen und habe ihr bewiesen, wie sehr sie mir gefehlt hat."
„Und dann?"
„Dann habe ich es ihr noch ein zweites und ein drittes Mal gezeigt."
„Und dann?"
„Dann habe ich meine Skier abgeschnallt."

Das Medium stellt einer Witwe den Kontakt zu ihrem verstorbenen Mann her: „Liebling", fragt sie, „bist du jetzt glücklich?"
„Sehr glücklich."
„Bist du glücklicher als auf der Erde?"
„Glücklicher."
„Erzähl mir, wie es im Himmel ist."
„Wieso – wer ist denn im Himmel?"

Zwei Freunde, die zum Wintersport fahren, bleiben nachts mit ihrem Auto in einer Schneewehe stecken. Zu Fuß erreichen sie erschöpft nach einigen Kilometern ein einsames Haus. Sie klingeln, und eine alleinstehende reiche Witwe öffnet ihnen. Sie lädt die Freunde zum Abendessen ein und bietet ihnen an, die Nacht dort zu verbringen.
Sechs Monate später treffen sich die beiden Sportsfreunde wieder, und der eine fragt strahlend:
„Erinnerst du dich noch an die reiche Witwe, bei der wir damals gewohnt haben? Du hast doch eine fröhliche Nacht mit ihr verbracht und dich mit meinem Namen vorgestellt. Stimmt's?"
„Ja, äh – hm, bitte verzeih mir."
„Oh, da gibt es nichts zu verzeihen. Ich habe nämlich einen Brief von ihrem Anwalt erhalten. Sie ist vor einigen Wochen gestorben und hat mich zu ihrem Universalerben eingesetzt."

Sie telefoniert mit ihrer Freundin. „Mein erster Mann ist im Urlaub ununterbrochen geradelt. Und mein zweiter hat unentwegt Wanderungen mit mir gemacht. Aber mein jetziger erst! Der – du, ich muß Schluß machen, ich rufe von daheim wieder an – er mag es nicht, wenn ich dabei telefoniere."

„Woher hast du denn das tolle Rad?"
„Ja, da staunst du. Du kennst doch die Marie. Wir sind gestern spazieren gegangen. Als wir uns auf einer Bank ausruhten, hat sie zärtlich ihren Kopf an meine Schulter gelegt und liebevoll meinen Namen geflüstert. Dann hat sie mich eingeladen, mit in ihre Scheune zu kommen. Da hat sie sich im Heu ausgestreckt und gesagt: ‚Albert, du kannst von mir haben, was du willst!' Da habe ich das Rad gesehen und es natürlich mitgenommen."

Eine junge hübsche Frau wird von ihren Verehrern gefragt, mit welchem Geschenk man sie besonders erfreuen könne, und immer wieder antwortet sie: „Ich hätte gern ein Fahrtenmesser."
Sie hat bereits eine sehr stattliche Sammlung, als einer ihrer Bewunderer sie fragt: „Warum wünschst du dir immer nur Fahrtenmesser und nie Kleider oder Pelze?"
„Jetzt bin ich noch jung und hübsch", antwortet die Schöne lächelnd, „aber ich denke an mein Alter. Welcher Pfadfinder würde nicht alles für ein schönes Fahrtenmesser tun?"

„Mein geliebter Hermann kann nur schreiben, wenn ich ihn mit Lobeshymnen begleite – naja, die paar Schecks!“

Ein altes Ehepaar macht eine Reise in die Vergangenheit und kommt auch in ein kleines Dorf, wo sie einst sehr glücklich waren. Auf einem Spaziergang nimmt der Ehemann seine Frau plötzlich zärtlich in die Arme, lehnt sie wie damals gegen den Drahtzaun und küßt sie innig. „Das ist ja unglaublich“, wundert er sich, „ich fühle deutlich, daß du genauso zitterst wie damals!“
„Ja“, antwortet sie, „aber vor dreißig Jahren war der Zaun auch noch nicht elektrifiziert!“

„Kann ich noch etwas für Sie tun?“ fragt der Hotelboy das soeben ins Doppelzimmer geführte Paar.
„Nein, danke“, sagt der Mann.
„Vielleicht noch irgend etwas für ihre Frau Gemahlin?“
„Ach ja – bitte“, entgegnete der Mann, „bringen Sie mir doch bitte eine Postkarte.“

„Bitte kommen Sie rasch. Ein fremder Mann versucht, mit einer Leiter bei mir einzusteigen.“
„Hier ist die Feuerwehr. Sie müssen die Polizei rufen.“
„Nein – die Feuerwehr soll kommen – seine Leiter ist zu kurz!“

„Ich liebe dich“, flüstert ein Blümchen dem anderen zu. Das flüstert selig zurück: „Ich dich auch! Wollen wir ein Bienchen kommen lassen?“

„Stell dir vor, mein Verlobter hat mir zum Geburtstag statt Blumen ein Spanferkel geschenkt."
„Das sieht ihm ähnlich."
„Das ist nicht wahr!"

Das jungverheiratete Paar übernachtet im Hotel. „Bitte das schönste Doppelzimmer für zwei Nächte", sagt der Ehemann zum Portier. Der Portier lächelt die junge Frau an: „Sie haben aber Glück, kleines Fräulein. Im allgemeinen nimmt er das Zimmer nur für eine Stunde . . ."

Eine alte Dame beichtet, sie habe ihren Mann betrogen. Wie oft, möchte sie allerdings nicht sagen. „Also gut", meint der Beichtvater schließlich, „dann stiften sie für jedesmal eine Kerze."
Anderntags hält ein Taxi vor der Kirche. Der Pfarrer blickt in den mit Kerzen bis an den Rand gefüllten Gepäckraum und ist sprachlos.
„Los!" ruft da die alte Dame. „Ausladen, ausladen, wir müssen noch mal fahren!"

Ein temperamentvolles Mädchen hat es schwer, ihrem etwas naiven Freund klarzumachen, was sie sich sehnlichst erwünscht.
Schließlich und endlich fragt sie ihn: „Möchtest du denn mal sehen, wo ich am Blinddarm operiert worden bin?“
„Um Gottes willen, nein“, entgegnet er entsetzt, „ich hasse Krankenhäuser.“

Ein Herr schickte seiner Urlaubsbekanntschaft durch seinen Blumenhändler zum Geburtstag 33 rote Rosen und fügte seinem Glückwunsch hinzu: „Für jedes Jahr sende ich Ihnen eine Blume.“
Der Blumenhändler sagte zu seiner Frau, als der Kunde den Laden verlassen hatte: „Das ist unser bester Kunde – nehmen wir für den Strauß auf unsere Kosten noch ein Dutzend Rosen mehr!“
Der Kunde wundert sich heute noch, daß er von seiner Angebeteten nie wieder etwas gehört hat.

„Du erzählst überall, du hättest mich geheiratet, weil ich eine ausgezeichnete Köchin sei? Ich? Die ich nicht mal ein Ei kochen kann? Warum tust du das?“
„Irgendwas muß ich doch sagen.“

„Hätt' ich nicht gedacht, daß ein alter Knacker noch so schnell laufen kann!"

Er kommt gegen drei Uhr morgens beschwipst nach Hause, nähert sich freudestrahlend dem Bett seiner Gattin und flüstert: „Liebling, wach auf. Ich habe ein Geschenk für den einzigen Menschen mitgebracht, den ich auf dieser Welt liebe."
„Laß mich in Ruhe", brummt sie, „das ist sicher wieder eine Kiste Zigarren."

Ein Trödler will die Kleider des Verstorbenen kaufen.
Die Witwe bringt eine Jacke.
„Und die Hose?"
„Zu die Hose bin ich noch zu traurig zu."

Kapitel 10

Professionelles

„Das kann nicht stimmen, daß du erst 54 Jahre alt bist", sagt Petrus zu dem Klempnermeister, der gerade im Himmel eingetroffen ist. „Nach den von dir in Rechnung gestellten Arbeitsstunden mußt du mindestens 136 Jahre alt sein!"

„Beruf?" fragt der Sachbearbeiter des Arbeitsamtes.
„Großwildjäger", antwortet der Arbeitslose.
„Wo?"
„Gütersloh."
„Dort gibt es kein Großwild!"
„Deswegen bin ich ja hier."

Ein junger Pastor muß seine erste Predigt halten. Da er sehr aufgeregt ist, empfiehlt ihm sein Vorgänger, vorher ein Glas Kognak zu trinken. Der junge Mann tut es, verspürt aber keine Wirkung, trinkt ein zweites und ein drittes Glas und leert schließlich die ganze Flasche. Nach dem Gottesdienst nimmt ihn der alte Pastor beiseite und meint: „Mein junger Freund, Ihre Predigt war nicht schlecht – bis auf einige Kleinigkeiten: Erstens ist Jesus nicht in Mexiko gestorben, zweitens wurde er nicht erschossen, sondern gekreuzigt, und drittens heißt es am Schluß ‚Amen' und nicht ‚Prost'."

Der Pornostar hat geheiratet. Mault der Ehemann in der zweiten Hochzeitsnacht: „Ich weiß, daß du in deinem Beruf aufgehst, aber heute hättest du mal auf die Beleuchter verzichten können!“

„Warum haben Sie Ihren Arbeitsplatz auf dem Bauernhof verlassen?“ fragt der Arbeitsrichter.
„Ja zuerst ist die Kuh krepiert. Da hat's sechs Wochen lang nichts anderes als Rindfleisch gegeben.“
„Das ist doch kein Grund fortzulaufen.“
„Nein, aber dann ist die Sau draufgegangen. Da hat's drei Wochen lang nur Schweinefleisch gegeben.“
„Das ist auch noch kein Grund.“
„Stimmt. Aber dann ist die Großmutter gestorben, und da habe ich mir gesagt: Nichts wie weg hier!“

Ein Leutnant hält einen jungen Soldaten an, der beschwipst über den Kasernenhof taumelt:
„Dummkopf! Wenn du nicht trinken würdest, könntest du vielleicht Leutnant werden.“
„Mir ganz egal“, lallt der Soldat, „wenn ich trinke, bin ich General!“

Zwei humpelnde Männer treffen sich. „Auch Kriegsteilnehmer? Granatspritter?“ fragt der eine.
„Nein, Versicherungsvertreter! Haustür!“

„Woran ist denn Ihr Mann so plötzlich gestorben?"
„Er hatte ein Loch im Anzug."
„Sind Sie verrückt? Mein Mann hat schon seit Wochen zwei Löcher in seinem Anzug und erfreut sich bester Gesundheit."
„Mein Mann war Taucher!"

Ein Spion soll ganz geheim in der Wüste hingerichtet werden. Der Verurteilte und seine Wächter müssen mehrere Stunden durch den heißen Sand marschieren.
„Wäre es nicht humaner gewesen, man hätte uns ein Auto zur Verfügung gestellt?" fragt der Delinquent.
„Sie sind lustig, denken Sie mal an uns – wir müssen den ganzen Weg wieder zurücklaufen."

„Schuhputzen gefällig?"
„Danke", sagt der Tourist.
„Für einen Dollar können Sie ihr Gesicht darin spiegeln!"
„Danke."
„Feigling!"

Berliner Putzfrau zum Computer: „Ick höre imma, du kannst allet. Staub dir doch selba ab!"

„Ich weiß nicht, weshalb sich alle so aufregen – ist schließlich meine Mittagspause!“

Der Gewerkschaftsboß kommt auf eine Baustelle, wo mit einem Bagger gearbeitet wird.
„Hundert Leute mit Schaufeln könnten dieselbe Arbeit leisten", beklagt er sich bei dem Bauunternehmer.
„Stimmt", antwortet dieser, „aber warum nicht tausend Leute mit Teelöffeln?"

Bei der Musterung. „Was sind Sie von Beruf?" wird der junge Mann gefragt.
„Ich erfinde Gags für Filme."
„Aha, können Sie uns mal erklären, wie Sie das machen?"
Der zukünftige Rekrut geht zur Tür, wendet sich an die Menge der Wartenden und ruft: „Sie können alle nach Hause gehen – man hat mir die Stelle gegeben."

„Ich hätte gern ein Glücksspiel."
„Ich zeige Ihnen mal unser Roulett", sagt der Verkäufer.
Nach einer Stunde verläßt der Kunde wütend das Spielzeuggeschäft. Der Chef fragt den Verkäufer: „Hat er nichts gekauft?"
„Nein, aber fünfhundert Mark an mich verloren!"

Der Konzernchef bittet seinen Assistenten: „Suchen Sie in unserer Firma einen intelligenten, zielstrebigen jungen Mann mit Initiative, der mich eventuell einmal ersetzen kann."
„Und wenn ich ihn gefunden habe?"
„Rausschmeißen."

Zwei Generäle stehen sich alt und gebückt auf einem Empfang gegenüber.
„Auch Rheuma?" fragt der eine.
„Nein, Orden!"

Der Vorstandsvorsitzende eines Konzerns unterhält sich mit einem jungen Angestellten: „Sie sind vor einem Jahr zu uns gekommen und bekamen sofort den Posten eines Abteilungsleiters. Nach drei Monaten wurden Sie schon Stellvertreter des kaufmännischen Direktors, und jetzt sind Sie selbst dieser Direktor. Ich hoffe, Sie sind mit Ihrer Laufbahn hier zufrieden?"
„Ja, Papa."

„Welcher menschliche Körperteil vergrößert sich etwa um das Zwölffache seines natürlichen Umfanges, wenn er erregt ist?" fragt der Professor die Medizinstudentin.
„Darauf möchte ich nicht antworten", erwidert sie errötend.
„Dann muß ich Ihnen leider sagen, daß Sie durchs Examen gefallen sind. Erstens war die Antwort ganz einfach, es ist nämlich die menschliche Pupille. Zweitens sind Sie nicht schlagfertig genug, und drittens werden Sie sehr enttäuscht sein, wenn Sie jemals heiraten sollten."

Der Bundestagsabgeordnete zu seinem Sohn: „In deinem Alter war Helmut Schmidt Klassenbester."
Antwortet der Sohn: „Und in deinem Alter Bundeskanzler."

„Ich möchte Ihr Waschbecken reparieren."
„Aber es ist gar nicht kaputt."
„Warum haben Sie mich dann rufen lassen? Sind Sie nicht Frau Müller?"
„Nein, ich bin Frau Meyer. Familie Müller ist bereits vor einem Jahr ausgezogen."
„Das ist ja unglaublich, aber so sind die Leute: Erst bestellen sie ganz dringend einen Klempner, und dann ziehen sie um!"

„Werbung muß sein", beschwört der Leiter einer kleinen Werbeagentur seinen Kunden. „Ein Beispiel: Hühner legen Eier, Gänse auch. Aber Hühner gackern, Gänse nicht. Na – kauft jemand Gänseeier?"

Kommt ein Mann aufs Amt und klopft an eine Tür. Keine Antwort. Der Mann klopft noch eimal, wieder keine Antwort. Da faßt sich der Besucher ein Herz, betritt die Amtsstube, deutet auf die Blumen auf der Fensterbank und sagt: „Sehr ungesund!"
Der Beamte schreckt hoch: „Was ist ungesund?"
„Blumen im Schlafzimmer."

Der Totengräber kommt spätabends nach Hause. „Warum kommst du so spät?" fragt seine Frau. „Wir haben heute einen berühmten Schauspieler beerdigt. Es wurden viele Reden gehalten, es flossen viele Tränen, und es wurde so viel applaudiert, daß ich das Begräbnis wiederholen mußte."

Ein Einarmiger geht zum Friseur, um sich rasieren zu lassen. Er gerät dem Lehrling unters Messer, der ihn auch prompt ins Kinn schneidet. Um den Kunden von dem Mißgeschick abzulenken, fragt er freundlich: „Waren Sie schon mal bei uns, mein Herr?"
„Nein", antwortet der Rasierte mißmutig, „meinen Arm habe ich im Krieg verloren!"

Ein Polizist kommt früher als gewöhnlich vom Nachtdienst nach Hause. Seine Frau hat keine Zeit mehr, ihren Liebhaber im Kleiderschrank zu verstecken, und ruft klagend: „Liebling, ich habe solche entsetzliche Kopfschmerzen. Bitte, mach kein Licht."
Der rücksichtsvolle Ehemann entkleidet sich im Dunkeln. Gerade als er ins Bett steigen will, wimmert seine Frau: „Bitte, lauf doch zur Apotheke, hol mir ein paar Tabletten."
Der Mann zieht sich im Dunkeln wieder an und läuft zur Apotheke.
„Warum starren Sie mich so an?" fragt er den Apotheker. „Kennen Sie mich nicht? Ich wohne doch nur ein paar Häuser weiter."
„Natürlich kenne ich Sie. Sie sind der Polizist Wilhelm Meyer."
„Na, bitte. Warum sehen Sie mich dann so an?"
„Ich frage mich", antwortet der Apotheker bedächtig, „warum ein Polizist in der Uniform eines Briefträgers herumläuft!"

„Ihre Art, mir zu antworten und sich nicht einschüchtern zu lassen, gefällt mir", meint der Generaldirektor, „Sie sind offen, Sie sind aufrichtig – Sie sind entlassen!"

„Versprochen ist versprochen: Ich sag' nie wieder kleiner Bulle zu Ihnen, Herr Wachtmeister!“

„Ich möchte mal wissen, was dieser Kerl gemacht hat, bevor er eingezogen wurde“, sagt der Unteroffizier, „jedesmal, wenn er einen Schuß abgefeuert hat, wischt er seine Fingerabdrücke vom Gewehr ab.“

„Warum ist eigentlich der neue Programmierer schon wieder hinausgeflogen?“
„Jedesmal, wenn er am Computer arbeitete, verlangte der einen Magenbitter.“

Zwei Mitglieder eines Karnevalvereins unterhalten sich über ihren Präsidenten. „Den habe ich in elf Jahren nur einmal lachen sehen. Das war, als sein Vorgänger starb.“

Kapitel 11

Sportliches

In der Rednerschule soll Karl seinen ersten Vortrag halten. Er beschließt, über die Liebe zu sprechen. Seiner Frau erzählt er, er würde über Segeln reden. Am nächsten Tag ruft eine Kursusteilnehmerin die Ehefrau an: „Großartig hat Ihr Mann gesprochen. Man hat so richtig gemerkt, daß er ein Fachmann ist."
„Merkwürdig – zweimal hat er's erst gemacht. Beim erstenmal hat er seine Mütze verloren, und beim zweitenmal wurde ihm übel."

An einem Golfplatz zieht ein Trauerzug vorüber. Einer der beiden alten Herren hält im Spiel inne und zieht die Mütze.
„Pietätvoll von Ihnen!" meint der andere.
„Immerhin hat sie mir so viel hinterlassen, daß ich hier bis ans Lebensende sorgenfrei Golf spielen kann."

Kirmes auf dem Lande. Ein Betrunkener geht zum Schießstand. Man reicht ihm ein Gewehr. Er zielt und trifft. „Sie haben gewonnen! Hier eine lebende Schildkröte." Der Betrunkene geht weg. Nach ein paar Minuten kommt er zurück, schießt und gewinnt wieder. „Sie haben die Wahl zwischen einem Teddybären und einer Puppe."
„Eine Puppe?" lallt der Betrunkene, „geben Sie mir noch ein Sandwich, wie eben!"

„Versteht Ihr Mann viel vom Fußball?"
„Natürlich – vor dem Spiel weiß er immer, welche Mannschaft gewinnt, und hinterher weiß er genau, warum sie verloren hat!"

Ein Jockey, der auf der Rennbahn tödlich verunglückte, soll von der Ehefrau identifiziert werden. Im Leichenschauhaus öffnet man die erste Schublade, aber er ist es nicht. Man öffnet die zweite und die dritte – er ist es nicht. „Mein armer Mann", weint die Witwe, „er war noch nie bei den ersten drei!"

„Das ist doch lächerlich, du willst diesen Mann heiraten, nur weil er so gut Ski läuft. Ich hoffe, daß er wenigstens noch etwas anderes kann."
„Aber klar, Papi, du solltest ihn mal tanzen sehen."

„Tolles Spiel!" ruft Onkel Herbert aus dem Fernsehsessel, „das war jetzt schon die sechste Ecke!"
„Komisch!" erwidert Tante Amalie aus der Küche, „zu meiner Zeit hatten die Fußballplätze nur vier Ecken!"

Ein junger Mann will Fallschirmspringer werden. „Sobald Sie gesprungen sind“, erklärt der Lehrer, „müssen Sie bis drei zählen und dann an dieser Schnur ziehen, damit sich der Fallschirm öffnet. Sie werden auf einer Wiese landen, auf der Sie ein Motorrad finden. Damit können Sie dann wieder zum Flugplatz zurückkehren.“
Der junge Mann springt. Er zählt bis drei, aber der Fallschirm öffnet sich nicht.
„Verdammt“, murmelt er, „ich bin sicher, daß das Motorrad auch nicht da ist.“

„Wenn ich mich mit meinem Mann streite, schicke ich die Jungens in den Garten zum Fußballspielen“, sagt eine Nachbarin zur anderen.
„Ach, darum haben Ihre Kleinen immer so eine gesunde Gesichtsfarbe.“

Eine Maus und ein Elefant spielen in der Wüste Fußball. Plötzlich klopft die Maus dem Elefanten auf die Schulter und sagt: „Unglaublich, was wir beide hier für einen Staub machen!“

„Sind denn heute überhaupt keine Jogger unterwegs?"

Der Aufseher verkündet den Galeerensträflingen: „Ihr dürft euch etwas ausruhen. Außerdem werden frische Getränke gereicht und für jeden ein Hähnchen."
Die Sträflinge sind sprachlos. Nur einer von ihnen wagt es und fragt nach dem Grund.
„Nutzt die Pause", wird ihm geantwortet, „die Frau des Kapitäns will heute nachmittag Wasserski laufen."

Die Frau des Boxers zum Sohn, der über seinen Hausaufgaben brütet: „Zähl nicht immer so laut!"

Er interessiert sich nur für Fußball, kennt sämtliche Vereine und alle Spieler und läßt sich kein Spiel entgehen. Selbst nachts träumt er vom Fußball.
„Ich habe allmählich genug davon", erklärt seine Frau ärgerlich, „nichts anderes als Fußball hast du im Kopf. Aber wenn ich dich nach unserem Hochzeitstag fragen würde, wüßtest du ihn nicht."
„Da irrst du dich gewaltig, mein Schatz", verteidigt er sich, „es war der 29. April – wir haben damals England drei zu eins geschlagen."

„Sobald im Radio die Frühgymnastik beginnt, springt mein Mann aus dem Bett“, erzählt eine ältere Dame beim Kränzchen.
„Erstaunlich, daß er in seinem Alter noch Gymnastik treibt“, wundert sich eine der alten Damen.
„Er doch nicht – das junge Mädchen, das uns gegenüber wohnt!“

Ein passionierter Segler lädt im Urlaub eine hübsche Reisebekanntschaft zu einer Segelpartie ein. Es weht eine frische Brise. Der junge Mann fragt: „Gefällt es Ihnen?“
„Ach, es ist ganz herrlich, wenn nur dieser verdammte Wind nicht wäre!“

Vater und Sohn sehen sich im Stadion ein Fußballspiel an. Plötzlich fliegt der Ball ins Publikum und saust direkt auf den Jungen zu. Im letzten Moment duckt er sich, und der Ball trifft den Vater.
Der gibt dem Sohn eine schallende Ohrfeige und sagt empört: „Ich habe dir schon so oft gesagt, Junge, du sollst nicht feige sein!“

Zwei Boxer stehen sich im Ring gegenüber. Kurz bevor der Kampf beginnt, wendet sich der Trainer an seinen Schützling und flüstert: „Ich wollte es dir eigentlich nicht erzählen, aber ich habe deinen Gegner vor drei Tagen mit deiner Frau in einem Hotel an der Ostsee gesehen . . .“

Eine Fußballmannschaft weißer Mäuse spielt gegen eine Elefanten-Elf. Plötzlich passiert es einem Elefanten, daß er auf eine Maus tritt. Der Schiedsrichter pfeift das Spiel ab. Der schuldige Elefant sucht die Maus, die platt auf dem Rasen liegt, nimmt sie vorsichtig mit dem Rüssel hoch und bittet sie vielmals um Verzeihung. „Mach dir nichts draus“, haucht die Maus mit letzter Kraft, „das hätte mir ja auch passieren können!“

„Wo hast du meine Golfsocken hingetan?“
„Welche Socken?“
„Na, die mit den achtzehn Löchern!“

„Wofür, zum Teufel, habe ich mir eigentlich einen neuen Skianzug gekauft!“

Ein Vater besteigt mit seinem Sohn ein Flugzeug, um einen Rundflug zu machen.
„Wenn Sie es durchhalten, kein Wort zu sagen, während wir oben sind“, verspricht der Pilot, „haben Sie den Flug kostenlos.“
Nach einer Stunde mit vielen akrobatischen Leistungen des Piloten setzen sie zur Landung an.
„Meine Hochachtung“, sagt der Pilot, „Sie können wirklich schweigen, mein Herr!“
„Es ist mir allerdings nicht leichtgefallen, und beinahe hätte ich Sie angesprochen, als beim letzten Looping mein Sohn herausfiel.“

„Das ist also das Begräbnis Ihres Onkels, zu dem Sie sich freigenommen haben!“ wettert der Chef, als er den Angestellten auf der Tribüne entdeckt.
„Abwarten, der Schiedsrichter ist mein Onkel!“

Kapitel 12

Automobiles

Tetsche fährt rasant in die Werkstatthalle. Der Meister ruft: „Motor abstellen!“
„Habe ich schon. Was da im Wagen noch bebt, ist meine Schwiegermutter.“

Billy aus Chicago führt seiner deutschen Freundin seinen Wagen vor. Billy drückt auf einen Knopf, die Scheiben gehen runter. Noch ein Knopfdruck, das Dach hebt sich und verschwindet im Heck. Auf einen weiteren Knopfdruck hin wirbelt ein Ventilator ihren Rock hoch.
„Himmel noch mal“, sagt das Mädchen, „macht ihr Amis denn überhaupt nichts mehr mit der Hand?“

Ein Herr nähert sich einem Auto, in dem ein Pärchen schmust, und klopft diskret an die Scheibe.
„Wieso mischen Sie sich hier ein?“ fragt der Mann im Auto, „sind Sie vielleicht von der Polizei?“
„Nein, aber . . .“
„Aber was, ist die Dame etwa Ihre Frau?“
„Nein, es ist nur mein Auto!“

Bei Glatteis überholt ein Sportwagen mit irrsinniger Geschwindigkeit den berühmten Augenarzt. Minuten später findet er den Fahrer tot in den Trümmern seines Wagens. Als der Arzt sieht, daß hier nicht mehr zu helfen ist, entfernt er das eine Auge des Unfallopfers, ersetzt es durch ein Glasauge, fährt in seine Klinik und bewahrt einen Patienten durch die Augentransplantation vor der Erblindung.
Drei Wochen später wird der Verband entfernt. Der Augenarzt bittet den Patienten, ihm aus einer Zeitung vorzulesen. Und siehe, die Operation ist geglückt; der Patient kann wieder sehen und liest: „Mysteriöser Verkehrsunfall – Polizei ist ratlos – Sportwagenfahrer mit zwei Glasaugen tödlich verunglückt."

Frage: Wie verbringt ein Achtzigjähriger seine Camping-Hochzeitsreise mit einer Endsiebzigerin?
Antwort: Sie versuchen die ganze Zeit, aus ihrem Auto rauszukommen.

„Es tut mir schrecklich leid – ich habe eben Ihre Katze überfahren. Ich bin aber selbstverständlich bereit, sie zu ersetzen."
„Kommen Sie rein, junger Mann", antwortet die alte Dame, „in der Küche ist noch eine Maus!"

Er hat sich wegen dichten Nebels an seinen Vordermann gehängt. Plötzlich bremst dieser so abrupt, daß der andere ihm hinten reinfährt.
„Müssen Sie so plötzlich bremsen?“
„Was wollen Sie, ich bin in meiner Garage!“

„Großvater, früher war es wohl schwieriger als heute, ein Mädchen zu küssen, nicht wahr?“
„Schwieriger vielleicht, mein Junge, aber lange nicht so gefährlich. Das alte Sofa konnte nicht gegen einen Baum fahren.“

Ein Autofahrer erreicht die Côte d'Azur und wird von einem Streifenwagen gestoppt. „Sie fahren ohne Rücklicht!“
„Was?“ fragt der Autofahrer, stürzt aus dem Wagen, geht nach hinten und bricht in Tränen aus.
„So schlimm ist das doch auch wieder nicht“, meint der Polizist verwirrt.
„Für Sie nicht“, schluchzt der Autofahrer, „aber für mich bedeutet das den Verlust eines Campingwagens, meiner Frau und meiner drei Kinder.“

„Mutti, was geschieht mit den Autos, wenn sie alt sind und nicht mehr fahren?
„Dann taucht ein geschickter Verkäufer auf und dreht sie deinem Vater an.“

„Nach ’ner längeren Fahrt im Geländewagen dauert es ’ne Weile, bis man wieder normal laufen kann!“

„Gestern war ich zum erstenmal mit einem tollen Mädchen aus“, erzählt Hans dem Klaus. „Sie war hellblond, hervorragende Figur. Nach dem Tanzen sind wir noch ins Grüne gefahren und haben an einem See gehalten. Ich wollte sie küssen. Sie hatte auch nichts dagegen, aber sie sagte, ich solle vorher das Verdeck runterlassen, damit wir den Mondschein genießen könnten. Ich habe es auch herunterbekommen – eine Stunde habe ich dazu gebraucht.“
„Was? Eine ganze Stunde?“ staunt Klaus, „ich brauche dazu höchstens zwei Minuten.“
„Ja du“, sagt Hans, „du hast ja auch ein Cabrio!“

Der Fahrer eines schnittigen Sportwagens hat einen Fußgänger angefahren. Nach einigen Metern Vollbremsung bringt er sein Auto zum Stehen, dreht sich um und ruft: „Passen Sie doch auf!“
„Wieso?“ fragt der Fußgänger erschrocken und springt auf, „wollen Sie etwa zurücksetzen?“

Ein großer Wagen nimmt den Anhalter mit. Der Fahrer beschleunigt auf 140 . . . 180 . . . 200 Sachen. Der Anhalter bekommt das große Zittern. Die Frau des Fahrers dreht sich um und meint: „Keine Angst! Diese Strecke kennt mein Mann im Schlaf, nicht wahr, Karl? . . . Kaaaarl!!??“

„Ich habe Ihren Hahn überfahren, werde Ihnen das Tier aber voll ersetzen!"
„Na, dann sehen Sie mal zu, wie Sie mit den Hühnern zurechtkommen!"

Kostümfest. Der Portier lädt drei betrunkene Piraten ins Taxi und bittet den Fahrer: „Den ersten zur Breiten Straße, den zweiten zum Bahnhofsplatz und den dritten zur Parkallee, bitte."
Nach fünf Minuten kommt der Taxifahrer zurück.
„Bitte neu sortieren. Ich habe eine Kurve zu scharf genommen, da sind sie mir durcheinandergeraten."

Aus einem Unfallbericht: „Ich schaffte glatt die Kurve, geriet dann über die Fahrbahn hinaus, durchbrach einen Gartenzaun, fuhr die Böschung hinab, überschlug mich dreimal, und dann verlor ich die Gewalt über meinen Wagen."

Frau Schulzes Wagen ist auf der Kreuzung stehengeblieben. Sie bemüht sich verzweifelt, ihn erneut anzulassen. Die Ampel wird gelb, rot, gelb, grün, gelb, rot. Tritt ein Autofahrer an den Wagen und fragt: „Haben wir denn keine Farbe, die Ihren Geschmack trifft?"

Das Wohnmobil fährt mit zu hoher Geschwindigkeit über die Autobahn und wird von einem Streifenwagen überholt und gestoppt.
„Gratuliere", ruft der Polizist, „Sie haben 1000 Mark gewonnen, weil Sie der tausendste Autofahrer sind, der diesen neuen Autobahnabschnitt benutzt. Haben Sie eine Ahnung, was Sie damit machen werden?"
„Ich werde Fahrstunden nehmen, um meinen Führerschein zu machen", antwortet der Fahrer.
„Hören Sie nicht auf ihn", mischt sich die Ehefrau ein, „er ist völlig betrunken."
Bevor der Polizist sich von dem Schock erholt, hört man von hinten die brüchige Stimme des Großvaters: „Ich habe euch ja gleich gesagt, daß wir mit einem geklauten Wohnmobil nicht weit kommen."

Ein Fahrer stoppt neben einem Wagen, der gerade gegen einen Baum gefahren ist. „Hatten Sie einen Unfall?" fragt er den Fahrer, der bleich hinter seinem Steuer sitzt.
„Nein, ich wollte mal die Sicherheitsgurte ausprobieren!"

Der Verkäufer will Herrn Müller endlich zu einem teureren Modell überreden. „Mit diesem Wagen", schwärmt er, „sind Sie in einer Stunde in Iserlohn!"
„Und was", schüttelt Herr Müller den Kopf, „soll ich in einer Stunde in Iserlohn?"

„Ich hab' schon so manchen heißen Typ hier auf der Autobahn kennengelernt!“

Zwei erfolgreiche Verleger versuchen ständig, sich zu übertrumpfen. Eines Tages kauft sich der eine einen Rolls-Royce. Der andere macht es ihm sofort nach. Daraufhin läßt der erste sich ein Telefon einbauen – der andere ebenfalls, und um es seinem Konkurrenten zu beweisen, ruft er ihn am nächsten Morgen auf dem Weg ins Büro sofort an: „Hallo, ich wollte dir nur erzählen, daß ich jetzt auch Telefon im Wagen habe."
„Einen Augenblick, bitte", antwortet der Angerufene lässig, „ich spreche gerade auf der anderen Leitung."

Der Mann fährt in einem Uraltmodell an der Tankstelle vor und verlangt nach dem Meister.
„Wenn ich fahre", sagt er, „höre ich immer so ein komisches Klopfen. Wissen Sie, was das ist?"
Der Meister besieht sich den Wagen von allen Seiten. Dann erwidert er: „Das kann ich Ihnen sagen. Das ist das schlechte Gewissen von dem Kerl, der Ihnen das Auto verkauft hat!"

„Hast du gelesen? Jeden Tag verwechselt einer beim Auffahren auf die Autobahn die Fahrtrichtung!" sagt Frau Müller zu ihrem Mann.
„Was heißt einer?" meint Müller nach einem Blick auf die entgegenkommenden Autos, „Tausende!"

Kapitel 13

Mann-o-Mann

„Es ist unglaublich“, sagt Adam, als er das Paradies verlassen muß, „der Boß hat mir eine Frau gegeben, die mit dem ersten besten schläft, der ihr begegnet.“

Ein Yuppie lernt auf der Party ein reizendes Mädchen kennen. „Ich habe keine Zeit zu verlieren“, erklärt er ihr kurz, „wollen Sie mit mir schlafen?“
Entschlossen antwortet das Mädchen: „In Ihrer Wohnung oder in meiner?“
„Wenn Sie anfangen zu diskutieren, brauchen wir nicht mehr darüber zu reden“, entgegnet er gereizt.

Der Ehemann schlendert neben seiner Frau her, in der rechten Hand eine Zigarette, die linke in der Tasche. Seine Frau schleppt die Koffer. Schließlich stöhnt sie: „Mein Gott, sind die schwer!“
Der Mann nickt verständnisvoll: „Ich weiß, meine Liebe, aber was soll man machen, wenn die Gepäckträger streiken?“

Herr M. hat Briefe gefunden, die beweisen, daß seine Frau ihn betrügt. Er schreibt an seinen Rivalen: „Ich weiß alles und bitte Sie, sich am kommenden Dienstag um 20.00 Uhr bei mir einzufinden."
Postwendend erhält er die Antwort: „Rundschreiben erhalten. Werde pünktlich zu dem von Ihnen organisierten Treffen erscheinen."

Karla wünscht sich zum Geburtstag einen Revolver.
„Was?" brüllt ihr Mann, „bist du übergeschnappt?"
„Ich will einen Revolver", heult sie, „einen, mit dem ich richtig schießen kann."
„Schluß – habe ich zu sagen oder du?"
„Du. Aber – wenn ich einen richtigen Revolver hätte . . ."

In einem teuren Restaurant beugt sich ein älterer Herr zu einer jungen, hübschen Dame hinüber, die am Nachbartisch sitzt, und fragt sie zärtlich: „Mein Fräulein, darf ich Sie mit auf meinen Spesenzettel setzen?"

„Eins habe ich über Frauen gelernt“, meint der Verfassungsschützer zu seinen Kollegen, „ihr dürft keiner trauen, die braune Augen hat.“
„Du meine Güte“, sagt einer der Männer erschrocken, „ich bin seit fünfzehn Jahren verheiratet und weiß nicht, was für Augen meine Frau hat.“
Schnell läuft er nach Hause. Seine Frau liegt schon im Bett und schläft. Vorsichtig hebt er eins ihrer Augenlider hoch.
„Verflixt – braun!“ ruft er entsetzt.
„Wie in aller Welt wußtest du, daß ich hier bin“, stöhnt Eberhard Braun und kriecht unter dem Bett hervor.

„Warum haben Sie Ihre Frau denn auf der Bergwanderung immer wieder geohrfeigt?“ fragt der Scheidungsrichter.
„Ich konnte nicht widerstehen – es war so ein wunderschönes Echo!“

„Was haben Sie Ihrer Frau denn im vorigen Jahr geschenkt?“
„Einen Nerz. Ich habe ihn ihr aber wieder weggenommen, sie hat den Käfig nie saubergemacht!“

„Abhärten ist gut – aber muß es unbedingt im Januar sein, Liebster?“

Der Ehemann kommt früh am Morgen nach Hause und überrascht seine Frau mit ihrem Liebhaber im Bett.
„Verlassen Sie sofort meine Wohnung!“ brüllt der Ernüchterte.
„Ihre Frau hat mich eingeladen, und Sie schmeißen mich raus, ich möchte bloß wissen, wer hier eigentlich das Sagen hat!“

„Aber Paul, das ist nicht unser Baby!“
„Sei still, der Kinderwagen ist schöner.“

Der gestrenge Vater hält seinem nun einundzwanzigjährigen Sohn an dessen Geburtstag eine Moralpredigt: „Als ich so alt war wie du, da hatte ich noch keine Zigarette geraucht, keinen Schluck Alkohol getrunken und selbstverständlich auch kein Mädchen angerührt. Wirst du das auch eines Tages zu deinen Kindern sagen können?“
„Nein, Papa“, antwortet der Sohn, „ich wäre niemals in der Lage, so schamlos zu lügen.“

„Wenn Sie mein Mann wären, würde ich Ihnen nicht erlauben, diese alberne Lebensrettermedaille zu tragen. Sie zeigt doch nur, daß Sie an einem einzigen Tag Ihres Lebens mal Mut gezeigt haben."
„Gnädige Frau", antwortet der Angesprochene höflich, „darf man fragen, warum Sie Ihrem Mann gestatten, einen Ehering zu tragen?"

„Wie findest du diese Landschaft, Liebling?" fragt er seine Angetraute.
„Ihre Schönheit läßt mich verstummen."
„Wie wär's, wenn wir hier unseren Urlaub verbringen würden?"

„Als ich klein war", erzählt ein Mann, „hatte mein Vater ein unfehlbares Mittel, um mich zum Einzuschlafen zu bringen."
„Sehr interessant. Und wie machte er das?"
„Er nahm mich in seine Arme und warf mich einige Male in die Luft."
„Und das genügte?"
„Ja, unsere Zimmer waren sehr niedrig."

Der 80jährige trifft einen gleichaltrigen Bekannten, der sich wundert, ihn so lange nicht gesehen zu haben. „Ich war ein halbes Jahr im Gefängnis“, meint der Achtzigjährige, „wegen Verführung einer Minderjährigen.“
„Was, in Ihrem Alter?“ wundert sich der andere.
„Ja, ich war so geschmeichelt, daß ich mich für schuldig erklärt habe.“

„Ich bin kein Freund langer Worte. Sie sitzen draußen vor der Glasscheibe, und wenn ich mit dem Finger winke, sind Sie in Sekundenschnelle da!“
„In Ordnung, Chef. Ich bin auch nicht für langes Geschwätz. Wenn ich mit dem Kopf schüttele, komme ich nicht.“

Drei alte Männer sprechen über ihren Tod. Der 70jährige sagt: „Ich glaube, ich werde von der Brücke springen – das geht schnell!“ – „Ich hoffe, daß ich einen Herzschlag bekomme“, meint der 75jährige, „das geht noch schneller.“ – „Wenn meine Zeit kommt“, sagt der 80jährige, „werde ich weder durch Selbstmord noch am Herzschlag sterben, sondern durch die Kugel eines eifersüchtigen Ehemannes.“

„Er sagt, es läge nur an uns, daß er keine Kraft mehr hätte, den Rasen zu mähen!“

„Ich habe den Eindruck, daß Martin schwindelt, wenn er behauptet, in seiner Ehe würde er die Hosen anhaben."
„Nein, das stimmt wirklich, er bindet nur immer eine Schürze vor, wenn er abends noch den Haushalt machen muß."

Ein Ehepaar betritt das Sprechzimmer des Zahnarztes.
„Was kostet es, einen Zahn zu ziehen?" fragt der Mann.
„Fünfzig Mark mit Betäubung, dreißig ohne!"
„Dann ohne Betäubung! Nimm doch bitte Platz, Liebling!"

Der Arzt verschreibt einem älteren Herrn ein Kräftigungsmittel und versichert ihm, daß es Wunder wirken werde. Einen Monat später kommt der Mann, offensichtlich zufrieden mit dem Ergebnis, zurück.
„Das Mittel ist ganz toll", sagt er, „ich habe das Gefühl, als sei ich wieder zwanzig."
„Wunderbar", meint der Arzt, „was sagt denn Ihre Frau dazu?"
„Das weiß ich nicht. Ich bin seitdem noch nicht wieder zu Hause gewesen."

Im Restaurant zeigt ein älterer Herr auf ein zauberhaftes Mädchen und flüstert seinem Gesprächspartner zu: „Dieses reizende Geschöpf hat eine ganze Nacht damit zugebracht, sich verzweifelt gegen meine Tür zu werfen."
„Sie sind ein Glückspilz. Wollte sie rein?"
„Nein – raus."

„Ich trage die Verantwortung", sagt der Ehemann, „ich trage dich sogar auf Händen – und du willst nicht einmal die Koffer tragen, Elfriede!"

Ein Mann, der den Tod seiner Frau nicht verwinden konnte, kommt auch in den Himmel. Petrus führt ihn in einen Saal, in dem viele Frauen sich ständig langsam um sich selber drehen.
„Was machen diese Frauen da?" fragt der Neue.
„Das ist ihre Strafe – sie haben ihre Ehemänner auf der Erde betrogen."
„Ein Glück! Meine Frau ist nicht darunter."
„Dann heb mal den Kopf und guck dir den Ventilator an . . ."

Der Weihnachtsmann kommt am Weihnachtsabend durch den Kamin ins Schlafzimmer einer hübschen, jungen Frau, die nackt im Bett liegt. Unentschlossen wandert er lange vor dem Bett auf und ab. Dann gibt er sich einen Ruck und sagt: „Tu ich's, komme ich nicht wieder in den Himmel. Tu ich's nicht, komme ich nicht wieder durch den Kamin."

Ein besonders klein geratener Liliputaner heiratet seine 1,90 m große Managerin. In der Hochzeitsnacht steigt er freudestrahlend zu ihr ins Bett, rennt um sie herum und jubelt: „Gehört alles mir, gehört alles mir!"

Kapitel 14

Medizinisches

In der Klinik stößt der junge Assistenzarzt mit dem Chefarzt zusammen und stammelt: „Mein Gott – verzeihen Sie."
„Schon gut", nickt der Chef, „Professor als Anrede genügt!"

„Seit vier Wochen", sagt der Arzt zum Patienten, „seit vier Wochen behandle ich Sie nun auf Gelbsucht, und heute sagen Sie mir, daß Sie Chinese sind!"

„Ich möchte gerne hundert Jahre alt werden."
„Essen Sie gerne?"
„Aber nein, Herr Doktor!"
„Rauchen Sie stark?"
„Ich bin Nichtraucher."
„Trinken Sie?"
„Ich bin Abstinenzler."
„Und wie steht's mit der Liebe?"
„Aber Herr Doktor! Wo denken Sie hin!"
„Sagen Sie mal, warum wollen Sie eigentlich hundert Jahre alt werden?"

„Lieber Herr Doktor, ich war 12 Jahre taub, aber seit ich Ihre wundervolle Ohrensalbe benutze, höre ich endlich wieder von meinem Bruder aus Amerika . . ."

Der Sultan hielt sich seinen Harem viele Kilometer von seinem Palast entfernt und schickte jeden Tag seinen Diener aus, eine der Frauen zu holen. Der Sultan wurde 90 Jahre alt, der Diener starb mit 45.
Merke: Es sind nicht die Frauen, die einen Mann töten, sondern das Hinter-ihnen-Herlaufen.

„Was kann ich für Sie tun?“ fragt der Psychiater.
„Ich komme wegen meines Mannes“, erklärt sie, „er glaubt nämlich, er sei ein Kühlschrank!“
„Ach, er ist wohl immer sehr kühl und schnarcht laut?“
„Nein, aber er schläft mit offenem Mund, und dieses kleine Licht da drinnen, das ist es, was mich stört!“

„Der Simulant von Zimmer 26 ist soeben gestorben.“
„Jetzt übertreibt er aber wirklich, Schwester!“

Ein überarbeiteter Manager konsultiert seinen Arzt. Nach der Untersuchung fragt der Doktor: „Wie steht’s denn mit dem Sex bei Ihnen?“
„Jeden Montag, Dienstag, Mittwoch und Freitag!“
„Lieber Mann, machen Sie mal etwas langsamer. Lassen Sie den Dienstag aus.“
„Das geht nicht. Das ist der einzige Tag, wo ich zu Hause bin.“

„Nacht für Nacht muß ich im Traum einen Lastwagen von Basel nach Hamburg fahren", klagt ein Mann dem Psychiater. „Am nächsten Morgen fühle ich mich dann wie gerädert."
„Kein Problem", sagt der Arzt, „halten Sie einfach ab jetzt bei Karlsruhe an. Dann übernehme ich den Transport bis Hamburg."
Am Abend trifft der erleichterte Mann einen Freund. Der hat ein ganz ähnliches Problem. „Nacht für Nacht", erzählt er, „muß ich im Traum vier Mädchen lieben. Mann, das bringt mich noch um."
Der Mann gibt dem Freund die Adresse des Psychiaters. Als er ihn das nächste Mal trifft, fühlt sich der Freund miserabler denn je.
„Was ist denn los?"
„Die Weiber sind zwar weg – dafür fahre ich jetzt jede Nacht so einen verdammten Lkw von Karlsruhe nach Hamburg."

Der Wunderheiler ist an einer schweren Grippe erkrankt. Der Arzt des kleinen Ortes wird gerufen. Er überwindet seine Abneigung, geht hin und fühlt der Konkurrenz den Puls.
„Für unsere Patienten", flüstert der Kranke, „gut und schön. Aber unter uns? Was soll der Schwindel mit dem Puls?"

„Den Kopf halt kühl, die Füße warm – das macht den besten Doktor arm!“

„Der Zustand Ihrer Lungen hat sich sehr verschlechtert. Ich bin überzeugt, daß Sie sich nicht an meine Anweisungen halten“, sagt der Arzt zu seinem Patienten.
„Aber doch, Herr Doktor. Ich rauche täglich zehn Zigaretten, keine einzige mehr!“
„Und wieviel haben Sie geraucht, bevor Sie zu mir kamen?“
„Da war ich Nichtraucher.“

Ein Mann trifft seinen besten Freund in einem Rollstuhl sitzend. „Um Himmels willen, was ist passiert?“ fragt er erschrocken.
„Mach dir keine Sorgen“, antwortet der Freund schmunzelnd, „vor einem Monat wurde ich das Opfer eines Verkehrsunfalls. Ich kam mit einigen Prellungen davon, konnte aber die Versicherung überzeugen, daß ich gelähmt bin. Sie haben mir eine hohe Abfindung gezahlt, so daß ich nie mehr zu arbeiten brauche.“
„Ja, aber du wirst nun den Rest deines Lebens im Rollstuhl verbringen müssen!“
„Denkste!“ antwortet überlegen der Freund und zieht aus seiner Tasche eine Fahrkarte nach Lourdes.

Als der Arzt kommt und das Bett des Patienten leer ist, fragt er die Schwester: „Wo ist denn der Mann, der in dieses Bett gehört?“
„Er hat immer so gefroren“, antwortet die Schwester, „da habe ich ihn zu der Patientin mit 40 Grad Fieber gelegt.“

„Herr Doktor, ich möchte mich, äh, sterilisieren lassen“, erklärt der Patient, als er nach stundenlangem Warten endlich im Sprechzimmer ist.
„Aber das ist ein ganz entscheidender Schritt, der will gut überlegt sein“, wendet der Arzt ein, „sind Sie sich auch über die Folgen im klaren?“
„Ja, natürlich – ich weiß gar nicht, was Sie wollen! Bitte, äh, sterilisieren Sie mich, ich habe es nämlich eilig!“
„Wollen Sie es sich nicht doch noch einmal überlegen?“
„Aber nein – ich möchte es jetzt gleich machen lassen.“
Nach einigen Wochen trifft dieser Patient einen Freund.
„Na, hast du dich damals impfen lassen?“ fragt dieser ihn.
„Impfen. – Richtig! – Das war das Wort, nach dem ich gesucht habe.“

Der Arzt diagnostiziert bei seinem alten Patienten Wasser.
„Tja“, sagt der weißhaarige alte Herr und schüttelt seinen Kopf, „das mußte ja so kommen. Immer zuviel Eis im Whisky!“

„Kommen Sie mir nicht zu nahe“, jammert der Patient beim Zahnarzt, „ich sterbe vor Angst.“
„Aber, aber“, beruhigt der Zahnarzt, „hier, trinken Sie erstmal einen Kognak!“
Nach dem ersten Glas bittet der Patient um ein zweites und ein drittes. „Na“, meint der Zahnarzt, „nun haben Sie sicher keine Angst mehr.“
„Überhaupt nicht“, lacht der Patient, „wenn mich jetzt einer anrührt, hau ich ihm in die Fresse!“

Ein hübsches junges Mädchen kommt zum Orthopäden und sagt dem jungen Mann, der ihr öffnet: „Ich habe seit einer Woche Schmerzen in der Schulter. Können Sie mir helfen?“
„Legen Sie sich bitte hin“, sagt er freundlich, „ich werde Sie massieren.“
Nach einigen Minuten ruft die Patientin: „Aber das ist nicht die Schulter.“
Darauf strahlend der junge Mann: „Ich bin auch nicht der Orthopäde!“

„Herr Doktor, ich leide unter Gedächtnisschwäche“, klagt ein Patient seinem Arzt.
„Nennen Sie mir mal ein Beispiel dafür.“
„Wofür bitte?“

„Diese Ginseng-Wurzeln machen wirklich springlebendig!“

„Nun, sind Sie weniger nervös, seit Sie zum Angeln gehen?“
„Nein, Herr Doktor, im Gegenteil. Ich bin noch nervöser geworden.“
„Merkwürdig. In der Regel ist es allen Patienten, denen ich es empfohlen habe, sehr gut bekommen.“
„Vielleicht haben die einen Angelschein.“

„Im neuen Jahr sollten Sie etwas weniger trinken“, rät der Arzt dem Patienten, „essen Sie jedesmal, wenn Sie zum Glas greifen wollen, eine getrocknete Pflaume.“
„Täglich zwei Kilo Pflaumen, Herr Doktor?“

Medizinisches Staatsexamen. Der Professor sieht den stummen Kandidaten ermunternd an: „Lieber junger Freund! Antworten Sie ruhig, Ihre ärztliche Schweigepflicht hat noch nicht begonnen!“

Kapitel 15

Infantiles

Während einer Liebesszene hört man ein zartes Stimmchen im Kino:
„Mami, legt er jetzt seinen Blütenstaub auf die Frau?“

Eine Witwe mit drei Kindern heiratet einen Witwer mit drei Kindern und hat mit ihm abermals drei Kinder. Als eines Tages infernalisches Geschrei durchs Haus dringt, ruft sie entsetzt: „Komm schnell und hilf mir! Deine Kinder und meine Kinder verhauen unsere Kinder!“

Der Sohn kommt spät aus der Schule nach Hause und gesteht der Mutter, daß er seine Freundin verführt hat. „Ich bin zwar entsetzt“, sagt die Mutter, „aber weil du die Wahrheit gesagt hast, darfst du dir in der Milchbar einen Milchcocktail kaufen.“
Am nächsten Tag kommt der Sohn wieder zu spät und erzählt, daß er die junge Nachbarin verführt hat. Er darf sich wieder einen Milchcocktail kaufen.
Am dritten Tag gesteht der Junge den Eltern, daß er seine Lehrerin verführt hat. Als die Mutter ihm nun ernsthaft ins Gewissen reden will, nimmt der Vater plötzlich die Bratpfanne in die Hand.
„Oh, schlage ihn nicht“, fleht die Mutter, „schließlich hat er ja die Wahrheit gesagt.“
„Ihn schlagen?“ brüllt der Vater, „ich will ihm ein großes Steak braten. Wie lange glaubst du, daß der Junge das aushält mit deinen labbrigen Milchcocktails!“

„Kannst du mir sagen, wie lange Adam und Eva im Paradies gelebt haben?" fragt der Religionslehrer den kleinen Michael.
„Bis zum 15. September."
„Wie kommst du denn auf dieses präzise Datum?"
„Vorher sind die Äpfel nicht reif."

Im Stadtpark schiebt ein junger Vater einen Kinderwagen vor sich her, in dem ein Baby schreit. Von Zeit zu Zeit hört man: „Sei ruhig, Anton, ganz ruhig!" Eine ältere Dame nähert sich dem Kinderwagen, guckt hinein und sagt freundlich: „Was hat er denn, der kleine Anton?"
„Er heißt nicht Anton", knurrt der Vater, „Anton heiße ich!"

Das Mädchen sieht sich interessiert das Familienalbum an und fragt: „Mutti, wer ist der schöne, schlanke Mann mit den schwarzen Haaren, der hier neben dir am Strand sitzt?"
„Aber Liebling, das ist doch dein Vater!"
„Ach so, das ist mein Vater", sagt die Kleine und nach einer nachdenklichen Pause, „und wer zum Teufel ist der dicke Glatzkopf, der jetzt bei uns wohnt?"

Er fragt seine Mutter, wie sie geboren worden ist. „Äh“, antwortet die Mutter verlegen, „äh . . . in einem Rosenblatt.“
Mit der Antwort nicht zufrieden, geht er zu seinem Vater und stellt ihm die gleiche Frage. „Mich hat der Osterhase gebracht“, sagt der Vater.
Immer noch unzufrieden, geht er zu seiner großen Schwester, pflanzt sich vor ihr auf und fragt: „Und du? Bist du in einer Rose geboren, oder hat dich der Osterhase gebracht?“
„Weder das eine noch das andere“, antwortet die Schwester. „Ich bin vom Storch gebracht worden.“
„Also“, sagt der Junge, „wenn ich richtig verstanden habe, gibt es in dieser Familie keine normale Geburt . . .“

Der kleine Sohn sieht zum erstenmal seine neuen Geschwister, ein Zwillingspärchen. Er betrachtet die beiden sehr eingehend und meint dann zu seiner Mutter: „Einen davon sollten wir behalten.“

„Der Vater hat eine Kuh, die täglich zwei Liter Milch gibt. Wieviel Milch gibt sie in zehn Tagen, Michael?“ fragt der Lehrer.
„Mein Vater hat keine Kuh.“
„Günter?“
„Ich habe keinen Vater.“
„Karlchen?“
„Unsere Kühe geben zur Zeit keine Milch.“

„Hätte ich ihm bloß nicht diesen Experimentierkasten ‚Der kleine Atomphysiker‘ geschenkt!“

Er erzählt seinem Freund, wie nett der zweite Mann seiner Mutter zu ihm ist: „Jeden Tag rudert er mich zwei Kilometer auf den See hinaus, dann rudert er zurück, bleibt am Ufer stehen und wartet, bis ich zurückschwimme."
„Zwei Kilometer", staunt der Freund, „ist das nicht viel zu weit zum Schwimmen?"
„Ach, weißt du, es ist nicht das Schwimmen – die Schwierigkeit ist, aus diesem verflixten Sack rauszukommen."

„Heute nacht hat dir ein guter Engel ein kleines Schwesterchen gebracht", sagt der Vater zu seinem Sohn, „möchtest du es sehen?"
Der Junge überlegt kurz und antwortet dann entschlossen: „Nein, ich würde lieber den Engel sehen."

Peter hat für den Weihnachtsmann ein Gedicht gelernt. Als er es vor ihm aufsagen soll, hat er alles vergessen.
„Trägst mir halt ein anderes Gedicht vor", hilft ihm der Weihnachtsmann.
Der Junge überlegt und sagt dann strahlend: „Du armes Schwein, du tust mir leid, du lebst ja nur noch kurze Zeit."

Ein kleiner Junge schreibt an den Weihnachtsmann: „Lieber Weihnachtsmann, Vater ist arbeitslos, Mama sehr krank, meine Brüder und Schwestern haben nichts anzuziehen. Wenn Du mir also 1000 Mark schicken würdest, würdest Du uns allen eine große Freude machen. Vielen Dank, lieber Weihnachtsmann."
Die Postbeamten, die nicht wissen, wohin sie den Brief schicken sollen, öffnen ihn. Gerührt sammeln sie bei allen Kollegen und bekommen 500 Mark zusammen, die sie dem Jungen mit Grüßen vom Weihnachtsmann schicken.
Kurz nach Weihnachten kommt ein neuer Brief an den Weihnachtsmann.
Die Postbeamten öffnen ihn wieder und lesen: „Lieber Weihnachtsmann, ich habe das Geld bekommen und danke Dir sehr herzlich, aber stell Dir vor, die Gauner von der Post haben tatsächlich die Hälfte für sich behalten!"

Peter ist in den Osterferien zu Bekannten aufs Land abgeschoben worden. „Hör zu, Peter", sagt der Hausherr zu ihm, „wenn du frech bist, sperre ich dich in den Hühnerstall."
„Mach doch", antwortet Peter, „aber du glaubst doch wohl nicht, daß ich euch auch noch die Eier lege!"

„Ich suche Abenteuer, Aufregungen und schöne Frauen“, schreit der Sohn den Vater an und nimmt den Koffer. „Und versuche nicht, mich zu hindern. Ich werde meinen Weg gehen!“
„Wer versucht dich denn zu hindern?“ entgegnet der Vater schluchzend. „Nimm mich mit!“

Der Lausebengel pafft am hellichten Tage auf der Straße eine Zigarette. Eine Dame bleibt empört stehen: „Was sagen denn deine Eltern dazu, daß du schon rauchst?“
Der Junge zieht einmal kurz und antwortet: „Und was würde Ihr Gatte sagen, wenn er wüßte, daß Sie fremde Kerle auf der Straße anquatschen?“

Hansjörg sitzt zum erstenmal mit seiner kleinen Schwester in der Badewanne. Er sieht sie sich sehr genau von oben bis unten an und meint dann nachdenklich: „Mädchen machen auch alles kaputt!“

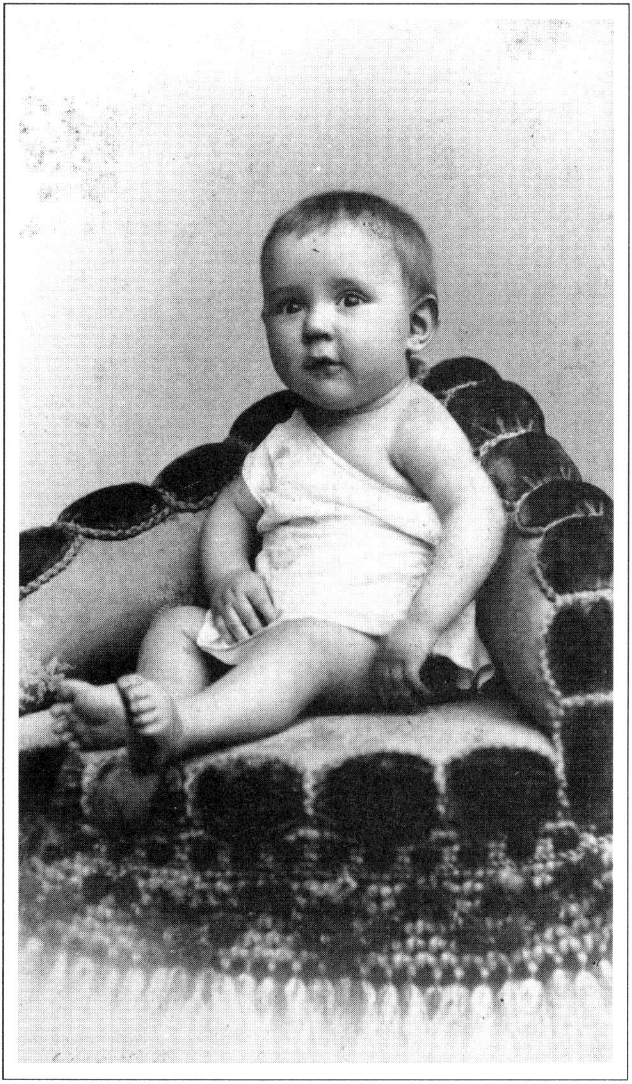

„Niemand ahnte damals, daß ich mal ‚Miß Universum' werden würde!"

„Heiratest du mich, wenn wir mal groß sind?“ fragt die kleine Christine ihren fünfjährigen Freund.
„Würde ich ja gern, aber das geht leider nicht, weil in unserer Familie nur untereinander geheiratet wird, zum Beispiel hat mein Großvater meine Großmutter geheiratet, mein Onkel meine Tante und so weiter und so weiter.“

„Heute nachmittag werden wir gemeinsam fotografiert“, sagt die Lehrerin zu ihren Erstkläßlern. „Wenn ihr dann alt seid und das Foto betrachtet, werdet ihr sicher sagen: Da habe ich meinen besten Freund Julian kennengelernt, und da ist auch die liebe Anna.“
Aus dem Hintergrund kommt ein zartes Stimmchen: „. . . und das war meine Lehrerin – sie ist nun schon lange unter der Erde!“

„Papa, was ist ein Synonym?“
„Das ist ein Wort, das man gegen ein anderes austauscht, wenn man nicht weiß, wie es sich schreibt.“

Michael kommt mit einem blauen Auge nach Hause. „Einer von den großen Jungen, die mich nicht leiden können, hat das gemacht“, klagt er.
„Morgen schenkst du ihm eine Tafel Schokolade. Dann werdet ihr sicher Freunde“, tröstet die Mutter.
Aber Michael hat am nächsten Tag noch ein zweites blaues Auge. „Wer war das denn?“ fragt die Mutter entsetzt.
„Wieder dieser große Junge – er mag keine Schokolade!“

Der Pfarrer klingelt an der Haustür, und ein achtjähriger Knirps öffnet. In der Hand hält er lässig eine Zigarette. Erstaunt fragt der Pfarrer: „Du rauchst? Ist deine Mutti denn nicht zu Hause?“
„Natürlich rauche ich“, sagt der Junge und inhaliert tief.
„Nun“, meint der Geistliche, „wenn du rauchst, hast du sicher auch schon eine Freundin . . .“
„Klar“, antwortet der Kleine, „erst gestern nacht war ich bei ihr!“
„War denn etwas zwischen euch?“ fragt der Pfarrer neugierig.
„Woher soll ich das jetzt noch wissen“, brummt der Knirps, „ich war viel zu besoffen.“

Die Eltern haben ihrem Jungen beigebracht, nach dem Essen ein Dankgebet zu sprechen. Eines Tages hören sie ihn im Badezimmer beten.
„Das brauchst du nicht“, ruft die Mutter, „nur nach dem Essen!“
„Ich weiß“, ruft der Junge zurück, „aber ich habe die Seife verschluckt.“

„Der Sohn deines Chefs ist jetzt in meiner Klasse“, erzählt der Sohn seinem Vater.
„Ach, habt ihr schon miteinander gesprochen?“
„Ja. Er hat gesagt, daß ich dir ähnlich sehe.“
„Und? Was hast du geantwortet?“
„Nichts. Er ist stärker als ich.“

„Manchmal denke ich, daß ich meinen Sohn zu streng erziehe. Kürzlich, er war gerade erst zwei Jahre alt, verlor ich ihn im Kaufhaus, und als man ihn nach seinem Namen fragte, hat er gesagt: Uwe, laß das!“

Kapitel 16

Schöner wohnen

„Da knirscht irgend etwas! Haben Sie Mäuse?“ fragt der Gast.
„Nein“, erwidert der Hausherr, „der Nachbar ißt Radieschen!“

Der Mieter beschwert sich beim Hausbesitzer: „So kann es nicht weitergehen – seit vier Wochen habe ich Wasser im Keller!“
„Na und?“ fragt der Vermieter achselzuckend, „haben Sie bei dieser kleinen Miete etwa Champagner erwartet?“

„Neulich wollte mein Mann einen Haken in die Wand schlagen – es war eine Katastrophe!“
„Na, na“, meint die Freundin, „die Wand läßt sich sicher ausbessern.“
„Welche Wand?“

„Wieviel Zimmer soll die Wohnung denn haben?“ fragt der Makler den Kunden.
„Sie soll so groß sein, daß meine Frau den ganzen Tag damit beschäftigt ist und keine Zeit hat, ihre Mutter zu besuchen. Sie soll aber andererseits so klein sein, daß ihre Mutter nicht bei uns übernachten kann.“

„Das Haus, das ich Ihnen verkauft habe, hat Vorzüge und Nachteile. Im Osten liegt die Ölraffinerie, im Westen der zoologische Garten, im Norden die Fischmehlfabrik und im Süden die Mülldeponie."
„Und worin bestehen die Vorzüge?"
„Sie brauchen nie darüber nachdenken, aus welcher Richtung der Wind weht."

Ein junges Mädchen schwärmt der Mutter vor: „Ich habe einen tollen Mann kennengelernt. Er hat ein wunderschönes Haus mit Garten, und jede Nacht lädt er mich zum Baden ein."
„Bist du verrückt? Stell dir bloß mal vor, wenn Bekannte euch da sehen!"
„Das ist nicht möglich – er zieht immer die Vorhänge im Badezimmer zu."

Ein Hamburger Kaufmann ist bei einem englischen Lord zu Gast.
„Ihr Rasen ist wie ein kostbarer Teppich", sagt der Hamburger bewundernd, „wie schaffen Sie das eigentlich?"
„Nichts einfacher als das", sagt der Lord, „jeden Tag zweimal gießen, zweimal in der Woche schneiden, und das fünfhundert Jahre lang."

Der Vater hat eine unbezwingbare Bastelleidenschaft. Eines Tages macht er sich über die Kuckucksuhr her. Erst den Kuckuck raus, dann alle Schrauben, Muttern, Achsen, Federn, Rädchen. Schön säuberlich geordnet liegen die Teile auf dem Tisch. Nun der Wiederaufbau. Mit geschickten Händen vereinigt er Muttern und Schrauben, befestigt Federn, Rädchen, Pendelarm, Ketten. Auch der Kuckuck sitzt wieder in seinem Käfig. Stolz hängt der Vater die Uhr an die Wand, und gespannt erwartet die Familie das Ergebnis. Vier Uhr. Nichts rührt sich. Fünf nach vier. Stille. Endlich – das Türchen öffnet sich, der Kuckuck erscheint und kreischt: „Weiß hier jemand, wie spät es ist?“

„Ihr Vorgänger war Wissenschaftler. Er hat in seiner Wohnung experimentiert.“
„Aha – dann sind die Flecke oben an der Decke Chemikalien?“
„Nö – das ist der Chemiker.“

Ein stadtmüder junger Mann hat sich in einem kleinen Dorf niedergelassen. Er kauft ein völlig verwildertes Grundstück, baut sich ein Haus und macht aus der Einöde in harter Arbeit einen wunderschönen Garten. Der Dorfpfarrer besucht ihn und sagt: „Ich gratuliere, der liebe Gott und Sie haben hier ja saubere Arbeit geleistet.“
„Tja, Herr Pfarrer, Sie hätten aber mal sehen sollen, wie es hier aussah, als Gott sich allein damit beschäftigte.“

„Auch ein Reihenhaus-Garten sollte umweltfreundlich wuchern, Herr Nachbar!“

Der Architekt zeigt den Interessenten das neue Siedlungshaus. Er schickt den Maurerlehrling in ein Nebenzimmer und ruft: „Hörst du mich?“
„Ja.“
„Siehst du mich?“
„Nein.“
„Das sind Wände, was!“

„Ich glaube, ich werde alt“, sagt ein Freund zum anderen, „die erste schaffe ich noch sehr gut, aber nach der zweiten bin ich völlig außer Atem.“
„Du mußt eben vernünftig sein. Wenn man die vierzig überschritten hat, sollte man nach der ersten Schluß machen.“
„Du bist gut. Was soll ich machen? Ich wohne in der dritten Etage.“

Entnervt ruft ein Mieter seinen Hauswirt an: „Bei uns regnet es seit Tagen in die Wohnung. Wie lange soll das noch dauern?“
„Wie soll ich das wissen? Rufen Sie doch beim Wetterdienst an!“

Ein Reihenhausbesitzer zeigt einem Kollegen seinen Garten.
„Groß ist er ja nicht.“
„Nein, aber unwahrscheinlich hoch.“

„Ich habe ja gar nicht gewußt, daß Ihr Mann so gern im Garten arbeitet“, meint die Nachbarin, „seit drei Stunden sehe ich, wie er unermüdlich den ganzen Garten umgräbt.“
„Er macht sich überhaupt nichts aus Gartenarbeit“, erwidert die Ehefrau, „ich habe ihm nur gesagt, daß ich seine letzte Flasche Whisky im Garten versteckt habe – die sucht er jetzt.“

Fred Tödter möchte sein Geld gut anlegen. Er will sich ein Haus kaufen und geht zum Makler: „Das Haus gefällt mir. Aber mich stört die Munitionsfabrik gegenüber.“
„Ach, machen Sie sich nichts draus. Die fliegt eines Tages sowieso in die Luft.“

Das junge Paar träumt von einem kleinen Haus im Grünen. Sie gehen zu einem Makler: „Wir möchten ein ganz, ganz kleines Haus mit einem ganz, ganz kleinen Garten . . .“
„Verstehe“, unterbricht sie der Makler, „ich schlage vor, zuerst sagen Sie mir, wieviel Sie anlegen wollen, dann lachen wir alle drei herzhaft, und dann reden wir ernsthaft darüber.“

„Erwin, sitzt du etwa schon wieder auf dem neuen Sofa?"
„Nein, natürlich nicht. Auf dem Boden."
„Dann schlag gefälligst den Teppich zurück!"

„Ist es wahr, daß die Wände in deinem Apartment so dünn sind?"
„Dünn ist gar kein Ausdruck. Wenn ich Herzklopfen habe, nimmt mein Nachbar Baldrian!"

Der Makler zeigt dem Ehepaar die möblierte Wohnung. „Und dies ist das Musikzimmer", sagt er und öffnet die letzte Tür.
„Wieso? Ich sehe weder ein Klavier noch sonst ein Instrument", wundert sich der Mann.
„Schon richtig, aber hier hören Sie das Radio Ihres Nachbarn besonders gut."

Er kommt sturzbetrunken heim, schleicht sich zum Kühlschrank und sieht, als er sich umdreht, seine Frau, die mit einem nagelneuen Nudelholz dasteht. „Das hab' ich gern", knurrt er, „kein Bier im Haus, aber du kaufst neue Möbel!"

Kapitel 17

Beziehungskisten

„Glauben Sie an ein uns übergeordnetes Wesen?“
„Aber selbstverständlich.“
„Wieso sind Sie so sicher?“
„Ich bin verheiratet.“

„Mein Mann ist so nervös, alles muß bei ihm hopp, hopp gehen, auch im Bett!“ klagt die Patientin.
„Ich schreibe Ihnen etwas auf, das beruhigt“, meint der Doktor. Nach drei Wochen erkundigt er sich: „Na, geht's bei Ihrem Mann jetzt etwas langsamer?“
„Keine Ahnung“, sagt die Frau, „ich schlafe immer gleich ein.“

Eine Fürsorgerin wird zu einer jungen Mutter geschickt. Als sie die Wohnung betritt, springen ihr fünf kleine Kinder entgegen.
„Wie ist das möglich?“ wundert sie sich, „Sie haben mir doch gesagt, daß Ihr Mann Sie vor sieben Jahren verlassen hat, und von den Kindern ist keins älter als sechs.“
„Das stimmt“, antwortet die Mutter, „aber er kommt jedes Jahr im Frühling, um mich um Verzeihung zu bitten.“

Sie gesteht ihrer Freundin: „Ich habe zwei Liebhaber. Der erste gibt mir das, was ich brauche."
„Und der zweite?"
„Das, was ich mir wünsche."

Ein Ehemann ging an einem wunderschönen Maiabend im Park spazieren. Da hörte er ein Stimmchen: „Nimm mich mit, ich bin eine verzauberte Jungfrau, nur du kannst mich entzaubern."
Der Mann dreht sich um, sieht einen Frosch, nimmt ihn mit ins Bett, und siehe da, aus dem Frosch wurde ein schönes Mädchen.
Das Dumme war nur, daß ihm seine Frau die Geschichte nicht glaubte.

Der Zahnarzt wiegt bedenklich das Haupt: „Die Zähne Ihres Mannes sind aber nicht in Ordnung."
Verständnisvoll nickt die Gattin: „Sie sollten erst mal seinen Schreibtisch sehen!"

„Warst du mir auch treu, während meiner langen Abwesenheit?“ fragt der heimkehrende Seemann seine junge hübsche Frau.
„Aber natürlich, Liebling – sogar dreimal.“

Ein Ehemann, der darunter leidet, daß seine Frau selten mit ihm schläft, geht mit diesem Problem zum Arzt. Der verschreibt ihm ein Aphrodisiakum, von dem der Mann die Hälfte seiner Frau in den Tee tut. Um sicher zu gehen, nimmt er selbst die andere Hälfte. Mitten in der Nacht wird er von seiner Frau geweckt: „Liebling“, sagt sie zärtlich, „komm rasch zu mir. Ich sehne mich nach einem Mann.“
„Merkwürdig“, antwortet der Ehemann schlaftrunken, „ich mich auch.“

„Warum hast du nichts unternommen, als du deine Frau gestern mit einem anderen überrascht hast?“
„Ich warte ab“, sagt lächelnd der Ehemann.
„Was willst du denn abwarten?“
„Bis ich sie mal mit jemandem überrasche, der schwächer ist als ich.“

„Na, wieder mal null Bock, Siegfried?“

Das junge Paar verbringt die Flitterwochen in der Schweiz. Mitten in Zürich haben sie ihre erste Autopanne. Der junge Ehemann findet den Schaden nicht sofort und erklärt seiner Frau, die Reparatur dauere etwas länger, weil er unter den Wagen kriechen müsse. Sie will ihn nicht allein lassen, denn: „Vor dem Altar haben wir geschworen, uns nie zu trennen."
Beide verschwinden also unter dem Auto. Nach einiger Zeit merkt der junge Mann, daß ihn jemand gegen den Fuß stößt. Er sieht hoch und erblickt einen Schutzmann, der sich vergnügt an den Mützenrand tippt: „Verzeihen Sie, es ist ja nicht wegen der vielen Leute, die hier stehen, aber Ihr Wagen ist Ihnen gestohlen worden!"

„Und wie kam der Kommissar in Ihren Swimmingpool?" fragt der Richter.
„Ganz einfach!" antwortet die Angeklagte. „Er fragte: Und wie kam Ihr Mann in den Swimmingpool?"

Das junge Ehepaar hat auf der Hochzeitsreise die oberen Betten im Liegewagen eingenommen. Sie ist ganz außer sich vor Glück und sagt immer wieder zu ihrem Mann: „Ich kann es nicht glauben, daß wir wirklich verheiratet sind."
Schließlich murmelte eine schläfrige, tiefe Stimme im unteren Bett: „Nun überzeugen Sie sich doch endlich. Eher gibt's ja doch keine Ruhe!"

Sie flüstert ihm auf der Parkbank ins Ohr: „Ich habe geflunkert – ich bin nicht Miss Germany."
„Macht nichts, ich bin auch nicht Junggeselle!"

Sie beklagt sich bei ihrem Psychiater: „. . . und wenn ich dann zärtlich werden will", sagt sie schließlich, „dann stellt er sich einfach schlafend, Herr Doktor – Herr Doktor! Hallo, Herr Doktor – aufwachen, Herr Doktor!"

„Herr Doktor, können Sie meine Schlaflosigkeit kurieren?"
„Selbstverständlich – zuerst müssen wir jedoch die Wurzel des Übels beseitigen."
Nachdenklich nickt der verhärmte Patient: „Leicht wird das nicht sein, Herr Doktor, meine Frau hängt sehr an dem Baby."

„Bei Müllers hängt der Haussegen schief", flüstert Frau Schulze.
„Warum?" fragt Frau Lehmann.
„Frau Müller hat einen Brief an den Weihnachtsmann geschrieben und um einen Pelzmantel gebeten. Und dann hat sie ihren Mann aufgefordert, den Brief einzuwerfen."
„Und?"
„Er hat ihn eingeworfen."

Bei einer Wahlversammlung meldet sich eine Stimme aus dem Publikum und fragt den Kandidaten: „Was hat Sie eigentlich bewogen, sich als Kandidat aufstellen zu lassen?"
„Diese Frage ist unfair", ruft der Kandidat wütend zurück. „Lassen Sie bitte meine Frau aus dem Spiel."

„Papa, was ist ein Bigamist?"
„Ein Bigamist? Das ist ein Mann, der doppelt soviel Geschirr abwäscht wie ich."

„Wir haben uns nichts mehr zu sagen – ich bin dir über den Kopf gewachsen, Klaus!"

Eine Dame betritt aufgeregt das Sprechzimmer des Psychiaters. „Ich komme wegen meines Sohnes“, erklärt sie, „kaum ist der Frühling da, fängt er plötzlich an, im Sand zu spielen, backt mit dem Eimerchen, das er zu seinem vierten Geburtstag bekommen hat, Kuchen und probiert sogar davon.“
„Das ist nicht schlimm, gnädige Frau, das machen sie alle, Jungen wie Mädchen.“
„Gott sei Dank – wir waren schon sehr beunruhigt, seine Frau und ich.“

„Ich werde mich scheiden lassen, ich kann meinen Mann nicht mehr ertragen. Er ist rasend eifersüchtig.“
„Bist du denn treu?“
„Natürlich nicht. Es wäre doch verrückt, ihn für nichts und wieder nichts leiden zu lassen!“

Ein sonst sehr pünktlicher Angestellter kommt eines Morgens zu spät ins Büro. „Nanu“, wundert sich der Chef, „was ist denn passiert?“
„Ich bin Vater geworden.“
„Das ist ja eine erfreuliche Nachricht.“
„Das sagen Sie – aber was mache ich, wenn meine Frau es erfährt?“

Die junge Ehefrau klagt: „Peter ist wirklich zu zerstreut. Gestern nach dem Mittagessen hat er eine Mark auf der Serviette für mich liegengelassen, und als ich ihm nachher seinen Hut gereicht habe, hat er mir noch fünfzig Pfennig in die Hand gedrückt."
„Das ist doch nicht so schlimm, mein Kind", tröstet die Mutter, „er ist es eben gewohnt, im Restaurant zu essen."
„Schön, aber was mich etwas stört, ist die Tatsache, daß er mich, als ich ihm in den Mantel geholfen habe, auch noch in den Po gekniffen hat."

Ein Ehemann kommt unvorhergesehen am Nachmittag nach Hause zurück. Seine Frau liegt im Bett und sieht ihn ängstlich an. Von einer plötzlichen Ahnung befallen, öffnet er den Kleiderschrank und findet einen unbekleideten Mann.
„Was machen Sie da?" fragt der Gatte drohend.
„Wenn ich Ihnen sagen würde, daß ich auf den Autobus warte, würden Sie mir dann glauben?"

„Ich lasse mich jetzt scheiden."
„Läuft denn gar nichts mehr bei euch?"
„Nein, immer wenn ich mich bei meinem Mann mal auf den Schoß setze, fängt er an, mir Briefe zu diktieren."

„Na, alter Junge, hast du die hübsche Susanne endlich geheiratet, oder wäschst du deine Hemden immer noch selbst?"
„Beides."

Kapitel 18

Modisches

„Elegante Toiletten hier“, spricht der junge Mann seine Tanzpartnerin an.
Die Dame errötet: „Ich war noch nicht draußen.“

„Warum haben Sie Ihren Mann getötet?“ fragt der Richter die Angeklagte.
„Er wollte nicht, daß ich mein kleines Schwarzes anziehe, und hat gesagt, warte damit, bis du Witwe bist!“

Er bittet die erheblich größere Freundin, ihn zu heiraten. Sie zögert. Sein Gesicht wird traurig: „Liebst du mich denn nicht?“
„Doch, schon“, meint sie, „aber ein Leben lang flache Absätze – das wird nicht leicht sein!“

„Ihr Mann sieht in dem neuen Anzug blendend aus!“
„Das ist kein neuer Anzug. Das ist ein neuer Mann!“

Einen Tag nach der Wahl treffen sich zwei Freundinnen. Fragt die eine: „Wie hast du gewählt?“
Sagt die andere: „In einem schwarzen Hosenanzug!“

„Mir ist etwas Phantastisches passiert, mich hat neulich ein Herr angesprochen, er hat mich zu einer Tasse Kaffee eingeladen und mich dann gefragt, ob ich nicht einen Nerzmantel haben möchte."
„Und? Was hast du geantwortet?"
„Ich habe ihm gestanden, daß das mein Traum ist. Dann bin ich mit zu ihm nach Hause gegangen, und er hatte in seinem Kleiderschrank mindestens ein Dutzend Nerzmäntel. Ich brauchte mir nur einen auszusuchen."
„Und was mußtest du tun?"
„Fast nichts – nur die Ärmel etwas kürzen!"

„Ich finde schwarze Strapse aufregend", sagt eine Freundin zur anderen.
„Und wie kriegst du deinen Mann dazu, welche anzuziehen?"

Ein Mann in der Bar bestellt einen Schnaps. Er packt das Glas mit den Zähnen, denn seine Jackenärmel sind unten leer.
„Unfall?" fragt der Barkeeper mitleidig.
„Nee, Winterschlußverkauf!"

„Bei meinem Schneider kann man sich einen Anzug mit einer Weste und zwei Hosen machen lassen, während man darauf wartet."
„Wie lange muß man warten?"
„Sechs Wochen."

Die korpulente Dame möchte Kleider anprobieren, die ihr zwei Nummern zu groß sind. Die Verkäuferin glaubt, sich verhört zu haben.
„Sie haben mich völlig richtig verstanden", meint die Dicke. „Ich möchte meinem Mann endlich mal beweisen, daß ich abnehme."

„Form und Farbe der Schuhe sind mir egal", sagt das junge Mädchen, „ich möchte nur ein Paar mit ganz flachen Absätzen haben."
„Wozu wollen Sie sie denn tragen?" fragt die Verkäuferin.
„Zu einem kleinen, fetten Millionär."

„Selbstgeschneidert – wir fliegen noch mal auf die griechischen Inseln!“

Die junge Frau ist mit ihrem älteren Gatten an die See gefahren. Als er in der Badehose vor ihr auftaucht, meint sie: „Zieh dich wieder an, Schatz, die Leute meinen sonst, ich hätte dich nur wegen deines Geldes geheiratet."

Frage: Eine Blondine, 20, und eine Brünette, 40, streiten sich im Schlußverkauf um einen roten Pullover, Gr. 42. Wer gewinnt?
Antwort: Das Kaufhaus.

Zwei Sekretärinnen unterhalten sich über ihren Chef.
„Er zieht sich jetzt immer so gut an", meint die eine.
„Und so schnell", sagt die andere.

Der kleine Sohn beguckt den neuen Pelzmantel seiner Mutter von oben bis unten und seufzt dann: „Wie muß das arme Viech gelitten haben, ehe du diesen Mantel bekommen konntest."
„Pst", flüstert die Mutter, „so darfst du nicht über deinen Vater reden."

„Stimmt es, daß eine Kundin von wildgewordenen Winterschlußkäuferinnen zu Tode getrampelt worden ist?“
„Ja – aber in einem sehr, sehr preisgünstigen Pullover!“

„Meine Frau hat komische Ideen. Sie hat mir aus einem alten Kleid von sich eine Krawatte gemacht.“
„Meine ist noch verrückter, die hat sich aus einer alten Krawatte von mir ein Kleid gemacht.“

Der Bademeister im Freibad: „Im blauen Anzug dürfen Sie hier aber nicht rein!“
„Wieso blauer Anzug? Das ist meine Gänsehaut!“

„Könnte ich wohl das rote Kleid im Schaufenster anprobieren?“ fragt die Kundin.
„Gern, gnädige Frau“, sagt die Verkäuferin zaghaft, „aber wir haben auch Kabinen zum Anprobieren.“

„Was ist der Unterschied zwischen Geiz und Sparsamkeit?“ fragt der Sohn den Vater.
„Wenn ich meinen Wintermantel schone, um ihn nächstes Jahr noch tragen zu können, dann bin ich sparsam, aber wenn ich deine Mutter bitte, ihren Wintermantel noch ein weiteres Jahr zu tragen, dann bin ich geizig.“

Ein Finanzbeamter berichtet von einem Steuerpflichtigen, der versucht haben soll, die Ausgaben seiner Frau für Kleider, Hüftgürtel und Büstenhalter als verlorenen Baukostenzuschuß abzusetzen.

Der Kommissar verhört den Mann, der im Restaurant einen Hut entwendet hat: „Sie haben einen besonders feinen Mantel an, warum tragen Sie eigentlich so schäbige Hosen?“
„Können Sie mir sagen, wie ich im Restaurant zu ’ner neuen Hose kommen soll?“

„Seine unnachahmliche Eleganz ist mir einfach unvergeßlich!“

„Ihr Mann liegt ohnmächtig im Flur, neben sich einen großen Karton und in der Hand eine Rechnung“, alarmiert eine Nachbarin die Ehefrau.
„Wunderbar, dann ist mein Nerz gekommen.“

„Was für ein Badeanzug soll es sein?“ fragt der Verkäufer die junge, attraktive Kundin, „wollen Sie was erleben, oder wollen Sie sich erholen?“

Der Herrenausstatter fragt seinen Verkäufer am zweiten Tag des Schlußverkaufs: „Na, wie sieht es denn aus?“
„Alles verkauft, Chef!“
„Und dieser altmodische Anzug, den wir seit drei Jahren vergeblich anbieten?“
„Verkauft, Chef!“
„Was hat denn der Kunde gesagt?“
„Nichts – der Blindenhund hat nur geknurrt.“

Kapitel 19

Touristen

Eine junge Frau träumt davon, eine Schiffsreise nach Amerika zu machen. Da sie kein Geld hat, freundet sie sich mit einem Matrosen an. „Überhaupt kein Problem“, meint der junge Seemann. „Ich verstecke dich in meiner Kajüte, und jeden Abend bringe ich dir das Essen.“
Nach sechs Wochen wird es dem jungen Mädchen zu langweilig, und sie schleicht sich an Deck. Dort fragt sie einen Passagier: „Ist es eigentlich noch weit bis New York?“
„New York?“ wundert sich der Passagier, „Sie sind hier auf der Fähre von Bremerhaven nach England.“

„Wie war's im Urlaub?“
„Entsetzlich, die ganze Zeit Regen!“
„Sie übertreiben, Sie sind doch ganz braun.“
„Braun? Daß ich nicht lache, das ist Rost!“

Ein Mann kriecht, dem Verdursten nahe, durch die Wüste. Plötzlich sieht er vor sich einen Araber.
„Wasser!“ röchelt der Mann.
„Krawatten!“ erwidert der Araber.
„Ich brauche Wasser!“
„Ich verkaufe nur Krawatten!“
Der Mann kriecht verzweifelt weiter. Endlich sieht er in der Ferne ein Hotel. Mit letzter Kraft erreicht er den Eingang und haucht nochmals: „Wasser ...“
„Sorry!“ antwortet der Portier. „Ohne Krawatte kommen Sie hier nicht rein.“

„Wie war der Urlaub?"
„Schrecklich. Ich hatte die Zimmernummer 100, und vom Türschild war die 1 runtergefallen."

Eine junge Frau, die bisher nur brav mit der älteren Schwester und einer Katze zusammengelebt hat, hat eine Kreuzfahrt gewonnen. Nach 14 Tagen erhält die Schwester einen begeisterten Brief, in dem es heißt: „Es ist wunderbar! Ich bin sehr glücklich. Abends die Sterne, einfach unglaublich. Und erst der würzige Geruch des Meeres! Ich verbringe die Nächte immer nur draußen an Deck und verplaudere sie mit einem sehr charmanten Offizier. Herzlichst deine Helen." Und dann noch ein Nachsatz: „Laß unsere Katze nachts raus!"

Meier kommt aus Venedig zurück. „Diese Venezianer haben vielleicht Nerven", erzählt er, „alle Straßen überschwemmt, aber die Leute singen!"

Ein Geschäftsmann aus Pinneberg war in Paris: „Da kann man noch Abenteuer erleben. Stellen Sie sich vor, in einem Café setzt sich an den Nebentisch eine Dame und lächelt mich an. Ich lächle zurück. Dann steht sie auf und steigt in ein Taxi. Ich tue dasselbe und bitte den Fahrer, ihrem Taxi zu folgen. Das Taxi hält, sie steigt aus, ich folge ihr. Wir fahren mit dem Aufzug nach oben . . .“
„Und dann?“ fragt einer der Zuhörer.
„Ach, dann war es genau wie in Pinneberg.“

Der Reisende hat bei seiner Rückkehr einen wundervollen Papagei bei sich. An der Grenze verlangt man einen hohen Zoll dafür: „Wenn Ihr Papagei tot und ausgestopft wäre, könnten Sie ihn zollfrei einführen“, meint der Zollbeamte.
Der Reisende schweigt, überlegt und kratzt sich nachdenklich den Kopf.
In diesem Augenblick krächzt der Papagei: „Mach keinen Scheiß! Bezahl!“

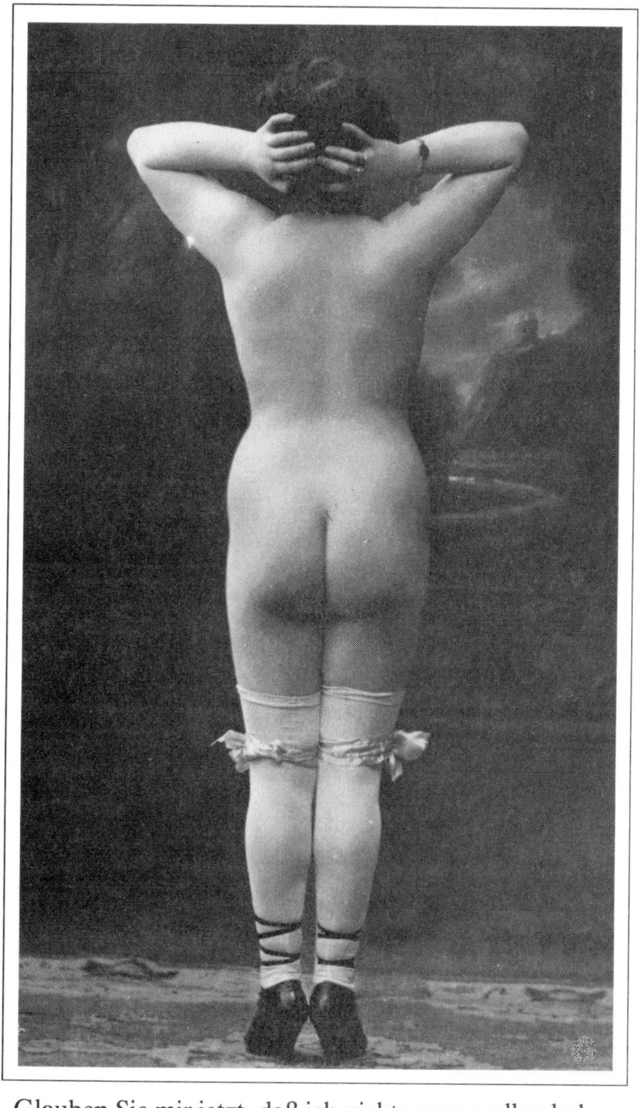

„Glauben Sie mir jetzt, daß ich nichts zu verzollen habe, Monsieur?“

Ein hübsches, junges Mädchen kommt mit ihrem engen Rock die hohen Stufen des Omnibusses nicht hinauf. Die Leute drängen von allen Seiten, und sie versucht in ihrer Not, ihren Reißverschluß hinten zu öffnen. Als es beim erstenmal nicht klappt, versucht sie es ein zweites Mal. Wieder ohne Erfolg.
Plötzlich hebt sie ein junger Mann aus der schimpfenden Menge hinter ihr in den Bus.
„Unverschämtheit, mich einfach anzufassen", sagt das Mädchen empört. „Sie kennen mich doch gar nicht."
„Aber, aber, meine Liebe", grinst der junge Mann, „nachdem Sie meinen Reißverschluß zweimal runtergezogen hatten, glaubte ich, es mir erlauben zu können!"

Einer der Passagiere, ein Bischof, bittet die Stewardeß um ein Glas Wein.
„Halt!" ruft er ihr plötzlich nach. „Wie hoch fliegen wir?"
„Neuntausend Meter hoch."
„Zu nahe beim Chef. Bringen Sie mir ein Glas Mineralwasser."

Ein altes Ehepaar plant seinen Winterurlaub. Gute Freunde empfehlen ihnen ein einsames Berghotel, und der alte Herr ruft sofort dort an: „Haben Sie noch ein Doppelzimmer im Januar für uns?“
„Wir haben noch ein Zimmer frei. Wir nennen es unser Hochzeitszimmer.“
„Äh, hm – wissen Sie . . . ich bin seit dreißig Jahren verheiratet . . . äh . . . und . . .“
„Mein Herr“, unterbricht der Portier, „wenn ich Sie im Ballsaal unterbringen würde, wären Sie auch nicht verpflichtet, die ganze Nacht zu tanzen.“

Ein Tourist hat in einem kleinen spanischen Dorf eine Autopanne und muß im einzigen Gasthof übernachten. Am nächsten Morgen fragt ihn der Wirt: „Haben Sie gut geschlafen, mein Herr?“
„Sie sind lustig. Kein Auge habe ich zugetan, ich mußte unter anderem mit ansehen, wie die Mäuse auf den Tischen tanzten.“
„Na und? Für den Preis können Sie doch keinen Stierkampf erwarten!“

Zwei Freunde treffen sich: „Wie war's in den Ferien?"
„Wunderschön . . . schön . . . ön . . ."
„Wie war das Wetter?"
„Viel Sonne . . . Sonne . . . onne . . ."
„Wo seid ihr gewesen?"
„Im Gebirge . . . birge . . . irge . . ."
„Gab's da ein Echo?"
„Ja. Wie kommst du denn darauf . . . rauf . . . auf . . .?"

Mitten über dem Atlantik setzen die vier Triebwerke der Düsenmaschine aus. Über den Lautsprecher tönt die höfliche Stimme der Stewardeß: „Wir werden in wenigen Sekunden notwassern und bitten Sie, sich anzuschnallen. Nach der Landung benutzen Sie bitte die Notausgänge. Und nun verabschieden wir uns von unseren Nichtschwimmern und hoffen, Sie hatten bis hierher einen angenehmen Flug."

„Ist dein Vater da?"
„Nein, Papa ist verreist."
„Eine Erholungsreise?"
„Nein, Mama ist mitgefahren!"

„Wenn bei Capri die rote Sonne im Meer versinkt . . .“

Großvater, Vater und Sohn waren gemeinsam in Paris. „Was für einen Charme diese Französinnen haben", meint der Sohn nach der Rückkehr.
„Und was für eine Technik", lobt der Vater.
„Und welche Geduld", schwärmt der Großvater.

„WAB-53 an Kontrollturm. Ich habe noch zehn Liter Treibstoff. Erbitte Anweisung, bitte kommen."
„Kontrollturm an WAB-53. Nicht nervös werden. Sagen Sie mir, welche Geländepunkte Sie erkennen. Bitte kommen."
„Ich stehe auf Landebahn 7 und möchte wissen, wo der Tankwagen bleibt."

„Signore", verkündet der italienische Fremdenführer seinem amerikanischen Kunden, „wir fahren jetzt an dem teuersten und raffiniertesten Bordell von Rom vorbei."
„Warum?" fragt verstört der Mann aus Kentucky.

Eine aus New York kommende Boeing 707 ist im Anflug auf Frankfurt. Der Kapitän verabschiedet sich über Bordfunk von den Passagieren, vergißt dann aber, das Mikrofon abzuschalten, so daß jedermann den Dialog mit seinem Kopiloten hören kann: „Was machen Sie denn heute abend?"
„Erst mal ein großes kühles Bier trinken und dann mit der blonden Stewardeß, die zum erstenmal mit uns geflogen ist, ins Bett . . ."
Die Passagiere horchen gebannt, die blonde Stewardeß, rot vor Verlegenheit, rennt durch den Gang nach vorn ins Cockpit, um Schlimmeres zu verhüten.
Da hält sie ein älterer Herr am Ärmel fest und ermahnt sie freundlich: „Nun lassen Sie den Mann doch erst mal sein Bier trinken."

Zwei ehemalige Klassenkameraden, die sich nie mochten, treffen sich nach Jahren zufällig auf einem Bahnhof wieder. Der eine ist jetzt Kardinal, der andere General.
„Verzeihen Sie, Herr Bahnhofsvorsteher", sagt der Kardinal, „wann fährt der nächste Zug nach Hamburg?"
Der General mustert den Fragesteller von Kopf bis Fuß: „In Ihrem Zustand wollen Sie noch verreisen, gnädige Frau?"

„Mein Urlaub war ganz wunderbar. Am ersten Tag lernte meine Tochter einen reichen Südamerikaner kennen, der sie entführte. Am zweiten Tag riß mein Sohn aus, und am dritten Tag brach sich meine Frau ein Bein und mußte ins Krankenhaus."
„Und das nennst du einen wunderbaren Urlaub?"
„Natürlich. Vom vierten Tag an war ich völlig allein."

Ein dicker Mann geht am Strand spazieren. Ständig folgt ihm ein dünner Mann. Schließlich dreht sich der Dicke um und fragt empört: „Warum verfolgen Sie mich?"
„Ich verfolge Sie nicht", stöhnt der Dünne, „ich suche Schatten."

„Meine Damen und Herren", sagt der Reiseleiter, „gehen Sie nicht zu nah an den Abgrund, da ist kein Gelääääääää . . ."

Ein Pilger kehrt von Lourdes zurück. Beim Zoll wird er gefragt: „Haben Sie etwas zu verzollen?“
„Nein!“
„Öffnen Sie bitte Ihren Koffer!“ Der Zollbeamte holt eine Flasche heraus. „Was ist da drin?“
„Geweihtes Wasser aus Lourdes.“
Der Beamte öffnet die Flasche und riecht daran: „Aber das ist doch Kognak!“
Da fällt der Pilger auf die Knie und ruft: „O Wunder über Wunder!“

„Ist das Klima hier wirklich noch so gesund?“ fragt der Kurgast einen Herrn, der neben ihm auf der Bank im Kurpark sitzt.
„Sie können nirgendwo gesünder leben! Als ich in diese Gegend kam, hatte ich keine Haare auf dem Kopf, konnte nicht sprechen, und wenn ich das Bett verlassen sollte, mußte man mich rausheben.“
„Unglaublich. Sind sie schon länger hier?“
„Ich bin hier geboren.“

„Du hast an der Ostsee ja dicke Backen bekommen. War das Essen so gut?“
„Nee, aber ich habe jeden Tag die Luftmatratzen aufblasen müssen.“

Vor Antritt einer Kreuzfahrt geht die junge Frau in die Apotheke, kauft Antibabypillen und Tabletten gegen Übelkeit.
„Es geht mich ja nichts an", meint der Apotheker, „aber wenn Ihnen davon übel wird, warum tun Sie es dann?"

Ein Mann rennt auf den Bahnsteig und fragt einen uniformierten Beamten: „Wann geht der letzte Zug nach Bochum?"
„We . . . wenn Sie mmmich nnnicht ge . . . ge . . . gefragt hätten, dann hhhätten Sie iii . . . ihn noch ge . . . ge . . .kriegt."

Ein Vater sitzt mit seinen fünf Kindern in einem Eisenbahnabteil mit einem älteren Herrn zusammen. Die Kinder toben, schreien, werfen mit Obst und treten dem alten Herrn auf die Füße. Schließlich wird er böse: „Wenn Sie die Kinder nicht zur Ordnung rufen, werde ich Ihnen große Unannehmlichkeiten machen!"
Der Vater lacht verzweifelt: „Lieber Mann, mir wollen Sie Unannehmlichkeiten machen? Ich fahre zu einem Begräbnis. Der eine Junge hat die Fahrkarten verschluckt, zwei andere haben die Hose voll. Das Begräbnis ist in Hannover, und ich sitze im Zug nach Köln . . ."

Kapitel 20

Animalisches

Der Bernhardiner ist krank. Noch nie in seinem langen Leben als Lebensretter hat er so gelitten. Schließlich geht er zum Arzt.
„Sie haben eine schwere Leberstörung!"
„Das wundert mich gar nicht, Herr Doktor, in meinem Beruf muß man dauernd mit der Kundschaft anstoßen."

Ein Vogelliebhaber will sich einen Papagei kaufen. Beim Vogelhändler geht er von Käfig zu Käfig und stellt jedesmal dieselbe Frage: „Kannst du sprechen?"
Kein Papagei spricht. Nur aus dem letzten Käfig kommt eine Antwort: „Natürlich kann ich sprechen – aber kannst du fliegen?"

Eine Hausfrau will nicht länger auf frische Eier verzichten. Sie kauft vier Hühner. „Liefern Sie aber auch vier Hähne mit", bittet sie den Händler.
„Das ist nicht nötig, ein Hahn reicht vollkommen aus für vier Hennen."
„Ach, ihr Männer, ihr wißt nicht, was es heißt, immer nur zu warten."

Frage: Warum haben Hühner keinen Busen?
Antwort: Weil Hähne keine Hände haben.

„Wer amüsiert sich mehr als die Menschen?“
„Kaninchen.“
„Warum amüsieren sie sich mehr als Menschen?“
„Weil es mehr Kaninchen gibt.“
„Warum gibt es mehr Kaninchen?“
„Weil sie sich mehr amüsieren als Menschen.“

„Herr Doktor, helfen Sie mir, meine Frau ist vollkommen verrückt.“
„Und wieso?“
„Sie hält sechzig Katzen in unserer Wohnung, und das Schlimmste, Herr Doktor, ist der Gestank, weil alle Fenster geschlossen sind.“
„Dann öffnen Sie sie doch.“
„Die Fenster öffnen? Damit meine zweihundert Tauben wegfliegen?“

Auf dem Polizeirevier klingelt das Telefon. „Hilfe, Hilfe! Kommen sie schnell!“ kreischt eine Stimme.
„Wir kommen sofort. Aber was ist denn los?“
„Eine Katze ist in mein Zimmer eingedrungen.“
„Aber, aber, für so eine Kleinigkeit rufen Sie die Polizei? Wer sind Sie überhaupt?“
„Der Papagei, natürlich . . .“

In der Zirkusdirektion läutet das Telefon. „Herr Direktor – ich habe eine sensationelle Nummer für Sie! Eine einmalige Löwennummer! Ich habe ihn so weit, daß er durch einen brennenden Reifen springt!“
„Na und – das tun unsere Löwen alle!“
„Aber hier spricht der Löwe. Bei mir springt der Dompteur!“

„Hallo, was vergraben Sie denn da?“
„Ich pflanze meine Körner ein.“
„Aber das ist doch mein Huhn, das Sie vergraben!“
„Schon, aber meine Körner sind da drin!“

Ein Stotterer betritt die Tierhandlung, betrachtet die hübschen Papageien und sagt nach einer Weile: „Ich mmmöchte mmmeiner Frau gggern ei . . . ei . . . einen Papa . . . Papa . . .“
„Verlassen Sie sofort den Laden“, unterbricht ihn der Verkäufer, „Sie verderben die Ware.“

„Dieter, wie bist du mit meiner selbstgebauten Mausefalle zufrieden?“
„Phantastisch! Heute morgen lagen wieder drei Mäuse davor, die sich über das System totgelacht haben.“

Ein Tourist, der in Spanien war, erzählt seinem Stammtischfreund alles Wissenswerte über den Stierkampf. „Zunächst mußt du wissen“, erklärt er wichtig, „daß Stiere gar nicht auf Rot reagieren, sondern nur die Kühe.“
„Wieso wird denn der Stier wütend, wenn der Torero ein rotes Tuch schwenkt?“
„Das ist doch klar – der ist sauer, daß man ihn für eine Kuh hält.“

Ein Bauer hat einen kräftigen jungen Hahn gekauft. Als der Neue zu den Hennen stolziert, kommt der alte Hahn auf ihn zu und meint freundlich: „Ich bin froh, daß du da bist, nur eine Bitte hätte ich: Überlasse mir doch einige Hennen für meine alten Tage.“
„Nein“, antwortet der junge Hahn, „ich bin der neue Herr, und ich teile nicht!“
„Dann mache ich dir einen Vorschlag: Wir laufen um die Wette, und wenn du gewinnst, dann verzichte ich.“
Noch bevor der junge Hahn sich einverstanden erklären kann, läuft der alte los, vom Konkurrenten sofort verfolgt.
Da fällt ein Schuß, und der junge Hahn bricht tot zusammen.
„Merkwürdig“, sagt der Bauer, „das war schon der fünfte schwule Hahn, den ich in diesem Monat gekauft habe.“

Was ist der Unterschied zwischen einer Erdbeere und einem Elefanten?
Wenn man drauf tritt und es kommt Saft raus, war es eine Erdbeere.

„Warum liegst du hier mitten auf der Straße, du elender Köter“, entrüstet sich ein Pferd, das gerade vorbeikommt.
„Erlauben Sie mal“, bellt der Hund, „wie reden Sie mit einem Steuerzahler!“

Das Telefon klingelt. Der Wirt hebt ab, reicht den Hörer seinem Papagei und sagt: „Für dich. Der Papagei von nebenan.“

„Herr Doktor, Sie müssen meinem Mann helfen“, bittet die junge Frau den Psychiater, „er denkt nämlich, er sei ein Pferd. Er frißt nur noch Hafer, will sich die Füße mit Hufeisen beschlagen lassen, und wenn ich mit ihm rede, wiehert er. Glauben Sie, daß Sie ihm helfen können?“
„Gewiß, liebe Frau, aber die Behandlung wird sehr teuer werden.“
„Das macht nichts, er hat ja schon zwei Rennen gewonnen!“

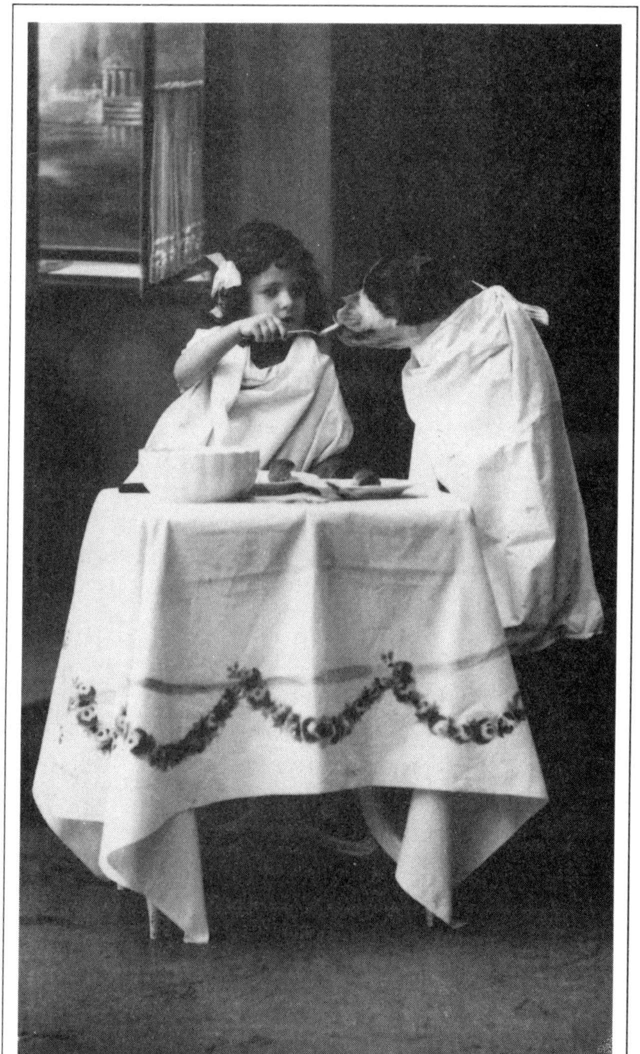

„Ob Hummer oder Hundefutter – hier wird ordentlich gegessen!“

„Der Wellensittich ist ja nicht in seinem Käfig. Hast du eine Ahnung, wo er steckt?“
„Gesehen hab’ ich ihn auch nicht, aber mir fiel vor zehn Minuten auf, daß die Katze sprechen konnte.“

Ein Geflügelzüchter schreibt an eine landwirtschaftliche Forschungsstelle: „Es geht um meine Hühner. Jeden Tag finde ich einige von ihnen mit dem Kopf im Sand und mit den Beinen nach oben. Was ist mit ihnen los?“
Vierzehn Tage später kommt die Antwort: „Ihre Hühner sind tot.“

Der Auerhahn balzt und balzt. Giftet die Auerhenne eifersüchtig: „. . . und was soll der Trauring an deinem Bein?“
Erwidert er sanft: „Ich schwöre bei allem, was mir heilig ist, das war die Vogelwarte.“

Ein Patient beendet jeden Satz mit „Schscht!“
„Was soll denn das Zischen?“ fragt der Psychiater.
„Es vertreibt die Elefanten.“
„Hier sind keine Elefanten.“
„Na, sehen Sie!”

„Was ist denn heute mit Ihrem Kater los?“ fragt ein Gartenbesitzer seinen Nachbarn. „Der flitzt ja wie ein Verrückter durch sämtliche Gärten.“
„Ich habe ihn gestern kastrieren lassen, und jetzt sagt er alle seine Verabredungen ab.“

Als der Kardinal aus Köln einen Besuch in Rom machte, schenkte er dem Papst seinen langjährigen Gefährten, den Papagei Yoko. An jedem Morgen kam nun Seine Heiligkeit an den Käfig, und Yoko krächzte: „Gut'n Morgen, Eminenz! Gut'n Morgen, Eminenz!“
Nach sechs Wochen war's dem Heiligen Vater zuviel. Er beschloß, durch seinen feierlichsten Aufzug Yoko davon zu überzeugen, daß einem Papst mehr gebühre als die Anrede eines Kardinals. Die Türen öffneten sich, und die ganze Farbenpracht des päpstlichen Hofstaates erschien: vom Tragsessel über der Schweizer Garde schaute Seine Heiligkeit, mit der Tiara gekrönt, würdevoll und zugleich erwartungsvoll auf Yoko, den Papagei. Der erstarrte, blinzelte dreimal, erinnerte sich plötzlich und schrie begeistert flatternd: „Kölle Alaaf!“

„Wehrt deine Frau sich auch immer wie ein Tiger, wenn du mit ihr ins Bett willst?“
„Weiß ich nicht, ich hab' noch nie versucht, mit einem Tiger ins Bett zu gehen.“

Zwei Großstädter verbringen ihre Ferien bei einem Freund auf dem Lande, der die beiden bittet, seine Kuh zum Stier zu bringen. Begeistert stimmen die Städter zu, um die Gesetze der Natur zu studieren. Viele Stunden vergehen, bis die beiden Freunde zurückkommen.
„Was habt ihr denn so lange gemacht?“ fragt der Bauer beunruhigt.
„Ach, wir haben es ja gern getan, aber wir wußten nicht, wie schwierig es ist, eine Kuh auf den Rücken zu legen.“

Heiko kauft eine Dogge und fragt den Züchter: „Mag der Hund auch kleine Kinder?“
„Schon. Aber ich würde ihm lieber Hundefutter geben!“

Das Inventar eines Freudenhauses wird versteigert. Auch der Papagei der Institutsleiterin gehört dazu. Als die Reihe an ihn kommt, überbieten sich die Interessenten.
„Hundert!“ bietet der erste.
„Hundertfünfzig!“ ruft der zweite.
„Zweihundert!“ entgegnet der erste wieder.
Da mischt sich der Papagei ein: „Legen Sie noch hundert drauf, und ich ziehe mich aus!“

Kapitel 21

Liebeskummer

„Wollen Sie den Revolver zu Ihrer Verteidigung?“ fragt der Waffenhändler die Kundin.
„Nein, nein, dafür nehme ich mir einen Anwalt.“

„Fünfundzwanzig Jahre lang waren meine Frau und ich sehr, sehr glücklich“, erzählt der Mann an der Bar.
„Und was passierte dann?“ fragt der Barkeeper.
„An einem schönen Frühlingstag lernten wir uns dann kennen.“

In einem Saloon im Wilden Westen. Einer der Cowboys macht einen sehr unzufriedenen Eindruck.
„Geht es dir nicht gut, Joe?“ wird er gefragt.
„Nein. Als ich eben nach Hause kam, fand ich meine Frau in den Armen eines fremden Kerls.“
„Und? Hast du ihn getötet?“
„Nein, das würde zu weit führen, wenn ich jeden Tag einen Mann erschießen würde.“

„Was treibst du denn mitten in der Nacht auf der Straße?“
„Ich kann nicht nach Hause, der Liebhaber meiner Frau ist da, und dessen Konversation geht mir auf den Geist!“

Die Ehe zwischen einem älteren Landwirt und seiner jungen Frau läßt sehr zu wünschen übrig. Der gute Mann fährt in die Stadt und konsultiert einen Arzt. Nach der Untersuchung bekommt er folgenden Rat: „Wenn Sie morgens auf dem Feld arbeiten und es überkommt Sie ein plötzliches Verlangen nach Ihrer Frau, warten Sie nicht bis zum Mittagessen, sondern rennen Sie sofort nach Hause."
Eine Woche später berichtet der geplagte Ehemann dem Arzt: „Ich habe Ihren Rat befolgt. Aber durch das schnelle Laufen war ich so erschöpft, daß ich zu nichts mehr fähig war."
„Dann nehmen Sie das nächste Mal Ihr Gewehr mit aufs Feld", rät der Arzt, „und wenn es Sie wieder nach Ihrer Frau verlangt, schießen Sie, damit Sie eiligst zu Ihnen kommt."
Ein paar Wochen später treffen sie sich auf der Straße.
„Na, hat es geklappt?" fragt der Arzt.
„Ja, zuerst ging es prima", antwortet der Landwirt, „aber dann begann die Jagdzeit und ich sah sie nie wieder."

Das jungverheiratete Ehepaar setzt sich an den Mittagstisch. Er weigert sich, das Essen anzurühren. „Liebling", jammert sie, „ich verstehe dich nicht. Sonntag hat es dir geschmeckt, Montag hat es dir geschmeckt, Dienstag und Mittwoch auch. Warum magst du plötzlich kein Sauerkraut mehr?"

Robert ertappt seine Frau Roswitha in flagranti mit einem starken, großen Kerl. Robert springt ihm an die Kehle und wird abgeschüttelt wie ein kleiner Hund. Da sieht er Hut und Schirm des Rivalen, schnappt sie, rennt in die Küche und schneidet beides mit einer Schere in kleine Fetzen. Die Reste schmeißt er dem Hünen vor die Füße und schreit: „Jetzt soll es regnen, regnen, regnen . . .“

„Und du behauptest, mir treu zu sein!“ schluchzt die Frau des Handlungsreisenden, als sie die Rechnung für zwei Stoßdämpfer in seiner Jackentasche entdeckt.

„Unsere Nachbarn haben ein Pferd, und nun hat meine Frau sich auch ein Pferd in den Kopf gesetzt!“
„Ja und?“ meint der Psychiater, „das ist doch nichts Schlimmes?“
„An sich nicht – aber das Pferd läßt mich nicht mehr ins Schlafzimmer.“

Dreißig Jahre lang mußte ich meinem Mann jeden Samstagabend den Rücken waschen.“
„Aber“, sagt der Richter, „das ist doch noch kein Scheidungsgrund.“
„Nein“, entgegnet die Frau, „aber letzten Samstag war sein Rücken schon sauber.“

„Ich hätte ihm keine Taucherbrille schenken sollen – wo bist du, Karl-Heinz?“

Schlechtgelaunt kommt der Ehemann abends nach Hause, wirft sich in den Sessel und greift zur Zeitung.
„Du beachtest mich überhaupt nicht“, jammert die Gattin, „du solltest dir mal an unserem Nachbarn ein Beispiel nehmen. Wenn der nach Hause kommt, umarmt er seine Frau und küßt ihr zärtlich die Wange. Warum tust du das nicht?“
„Du hast Nerven!“ schnauzt der Mann, „ich kenne die Frau doch überhaupt nicht!“

„Meine Frau schlägt mich“, erklärt der Ehemann, der sich scheiden lassen will.
„Wie oft?“ fragt der Richter.
„Jedesmal.“

Eine Freundin findet die andere in Tränen aufgelöst:
„Was ist denn passiert?“
„Mein Mann hat mich mit unserer Haushaltshilfe verlassen.“
„Mach dir doch deshalb keine Sorgen – wir geben eine Anzeige auf, du findest bestimmt ein neues Mädchen.“

„Ich kann meinen Mann nicht mehr ertragen. Jeden Tag ärgere ich mich schwarz über ihn. Ich habe schon zwanzig Pfund abgenommen!“
„Warum verläßt du ihn nicht?“
„Ich warte, bis ich auf 55 Kilo runter bin.“

„Mein Mann vernachlässigt mich“, beklagt sich die junge Frau bei ihrer Mutter, „was kann ich tun, um ihn zurückzugewinnen?“
„Vielleicht solltest du mehr auf ihn eingehen. Wofür interessiert er sich denn besonders?“
„Für Rothaarige.“

„Voriges Jahr warst du leidenschaftlicher, als wir uns unterm Weihnachtsbaum geliebt haben.“
„Voriges Jahr hat der Baum auch nicht genadelt.“

„Ich hätte gern meine Frau wieder!“
„Ist sie gestorben?“
„Nein. Ich habe sie gestern gegen zehn Flaschen Wein eingetauscht.“
„Und jetzt hast du Sehnsucht nach ihr?“
„Nein, aber ich habe Durst!“

„Wann hast du gemerkt, daß deine Frau dich nicht mehr liebt?“
„Als ich vor einem Jahr die Kellertreppe runtergefallen bin, hat sie zu mir gesagt: ‚Gustav, wo du schon einmal unten bist, leg doch ein paar Schaufeln Koks nach!‘“

Ein Franzose geht in London in ein Restaurant. Eine reizende Dame setzt sich an seinen Tisch. Der Franzose zwinkert ihr zu, streichelt mit seinem Fuß ihr Bein, und als er keinen Widerstand spürt, legt er ihr die Hand aufs Knie.
Da kritzelt die Schöne einige Worte auf die Serviette und schiebt sie ihm zu. Erwartungsvoll faltet der Franzose sie auseinander und liest: „Gehen Sie nicht höher mit Ihrer Hand. Sie wären enttäuscht. Ich bin Major Smith vom Secret Service und in geheimem Auftrag hier."

Auf dem Sterbebett gesteht der Ehemann:
„Ich habe dich häufig betrogen, Liebling!"
„Ich weiß, mein Lieber!" meint die Ehefrau, „darum habe ich dich auch vergiftet."

Die kürzeste Bettgeschichte der Welt:

„NEIN!"